T. Marin

Asco[illegible] Medio

Libro del professore

Trascrizione dei testi e chiavi degli esercizi

Ascolto Avanzato

Via Paolo Emilio, 28 00192 Roma

Via Moroianni, 65 12133 Atene
Tel. +30-210-57.33.900
Fax + 30-210-57.58.903
www.edilingua.it
info@edilingua.it

I edizione: ottobre 2000
Impaginazione e progetto grafico: EDILINGUA
Registrazioni ed elaborazione sonora: Studio *Echo*
ISBN 978-960-7706-30-0

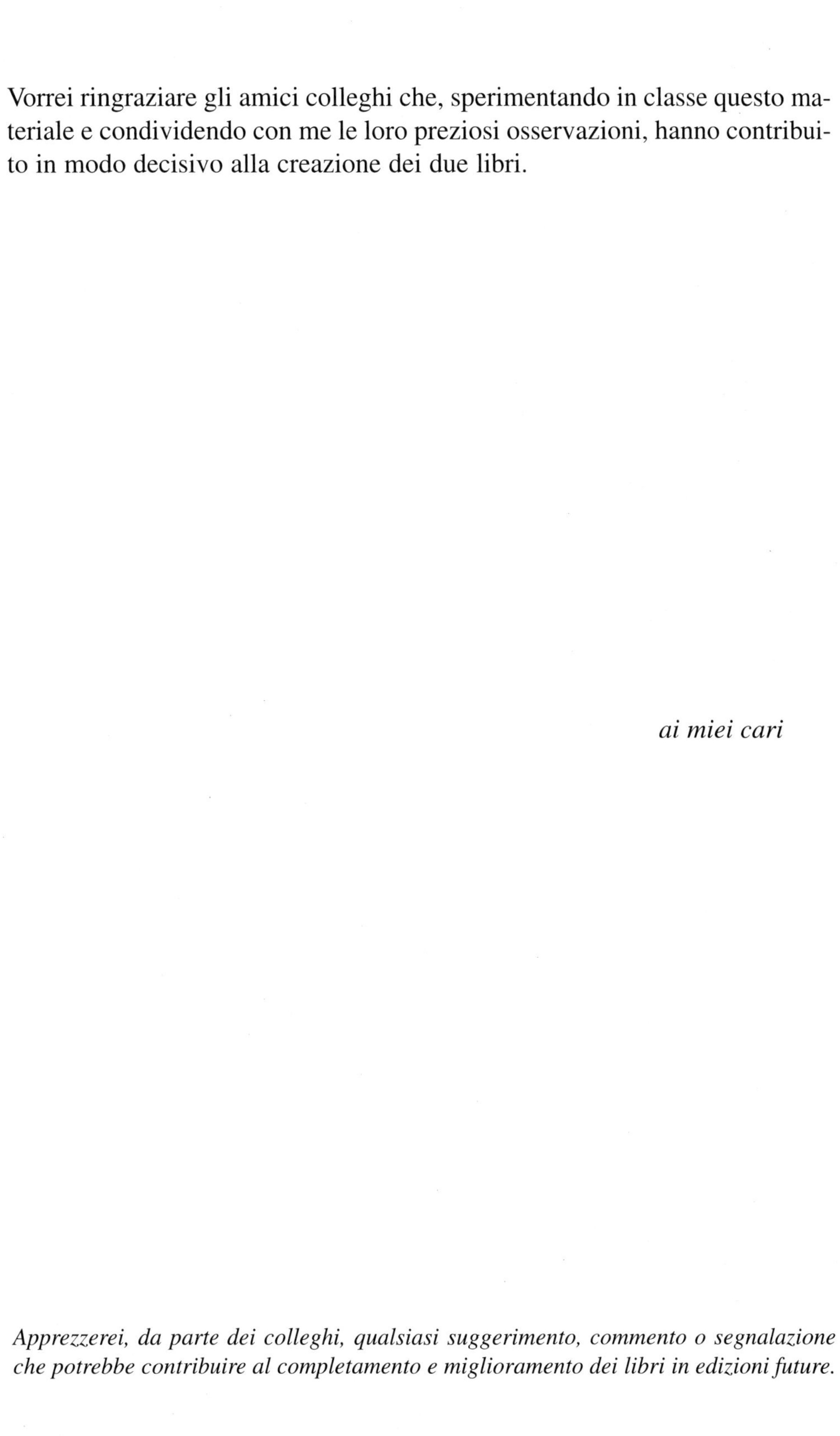

Vorrei ringraziare gli amici colleghi che, sperimentando in classe questo materiale e condividendo con me le loro preziosi osservazioni, hanno contribuito in modo decisivo alla creazione dei due libri.

ai miei cari

Apprezzerei, da parte dei colleghi, qualsiasi suggerimento, commento o segnalazione che potrebbe contribuire al completamento e miglioramento dei libri in edizioni future.

T. Marin ha studiato lingua e filologia italiana presso le Università degli Studi di Bologna e Aristotele di Salonicco. Ha conseguito il Master Itals (didattica dell'italiano) presso l'Università Ca' Foscari di Venezia e ha maturato la sua esperienza didattica insegnando presso varie scuole d'italiano. È autore di diversi testi per l'insegnamento della lingua italiana: *Progetto italiano 1*, *2* e *3* (libri dei testi), *La Prova orale 1* e *2*, *Primo Ascolto, Ascolto Medio, Ascolto Avanzato, l'Intermedio in tasca, Ascolto Autentico, Vocabolario Visuale* e *Vocabolario Visuale - Quaderno degli esercizi* e ha curato la collana *Video italiano*. Ha tenuto varie conferenze sulla didattica dell'italiano come lingua straniera e sono stati pubblicati numerosi suoi articoli.

INDICE

ASCOLTO MEDIO

INDICE

ASCOLTO AVANZATO

Ascolto Medio

1. Spaghetti alla puttanesca

Questa ricetta è originaria dell'isola di Ischia e ha tutto il sapore del Sud.

INGREDIENTI
- aglio, 1 spicchio tritato
- peperoncino, un pizzico
- olio extra vergine d'oliva, 2 cucchiai
- pomodori freschi o in scatola, pelati e tagliati a pezzetti, 400 g
- 4 filetti d'acciuga sbriciolati con la forchetta
- olive nere snocciolate e spezzettate, 100 g
- capperi, 1 cucchiaio
- sale e pepe nero
- spaghettini, 450 g

Vino: un bianco secco (Vernaccia)

Per 4 persone; Preparazione: 10 minuti; Cottura: 25-30 minuti; Livello di difficoltà: semplice

Mettete l'olio in una padella e fatevi soffriggere aglio e peperoncino finché l'aglio non avrà preso un bel colore dorato. Unite quindi i pomodori, i capperi e le olive e fate cuocere per 5 minuti circa.
Aggiungete i filetti di acciuga. Insaporite con sale e pepe e lasciate cuocere a fuoco moderato per altri 15-20 minuti, finché l'olio non comincia a separarsi dal pomodoro.
Cuocete gli spaghetti al dente. Scolate e disponete in un piatto di portata caldo. Versatevi sopra il condimento e mescolate bene. Servite subito.

CHIAVI

1. 1F, 2V, 3V, 4F, 5V, 6F, 7V, 8F

2. 1. *bel colore dorato*, 2. *fate cuocere per*, 3. *separarsi dal pomodoro*, 4. *condimento e mescolate*

2. I capelli del gigante

Una volta c'erano quattro fratelli. Tre erano piccolissimi, ma tanto furbi; il quarto era un gigante dalla forza smisurata, ma era molto meno furbo degli altri.

La forza ce l'aveva nelle mani e nelle braccia, ma l'intelligenza ce l'aveva nei capelli. I suoi furbi fratellini gli tagliavano i capelli corti corti, perché restasse sempre un po' fesso, e poi tutti i lavori li facevano fare a lui, che era tanto forte, e loro stavano a guardarlo e intascavano il guadagno.

Lui doveva arare i campi, lui spaccare la legna, far girare la ruota del mulino, tirare il carretto al posto del cavallo, e i suoi furbi fratellini sedevano a cassetta e lo guidavano a suon di frusta.

E mentre sedevano a cassetta tenevano d'occhio la sua testa e dicevano:

- Come stai bene con i capelli corti.

- Ah, la vera bellezza non sta mica nei riccioli.

- Guardate quel ciuffetto che si allunga: stasera ci vorrà un colpetto di forbici.

Intanto si strizzavano l'occhio, si davano allegre gomitate nei fianchi e al mercato intascavano i soldi, andavano all'osteria e lasciavano il gigante a fare la guardia al carretto.

Da mangiare gliene davano abbastanza perché potesse lavorare; da bere poi, gliene davano ogni volta che aveva sete, ma solo vino di fontana.

Un giorno il gigante si ammalò. I suoi fratellini, per paura che morisse mentre era ancora buono a lavorare, fecero venire i migliori medici del paese a curarlo, gli davano da bere le medicine più costose e gli portavano la colazione a letto.

E chi gli aggiustava i cuscini, chi gli rimboccava le coperte. E intanto gli dicevano:

- Vedi quanto ti vogliamo bene? Tu, dunque, non morire, non farci questo torto.

Erano tanto preoccupati per la sua salute che si dimenticarono di tener d'occhio la capigliatura. I capelli ebbero il tempo di crescere lunghi come non erano mai stati e con i capelli tornò al gigante tutta la sua intelligenza. Egli cominciò a riflettere, a osservare i suoi fratellini, a sommare due più due e quattro più quattro. Comprese finalmente quanto essi fossero stati cattivi e lui sciocco, ma subito non disse nulla. Aspettò che gli tornassero le forze e una mattina, mentre i suoi fratellini dormivano ancora, egli si alzò, li legò come salami e li caricò sul carretto.

- Dove ci porti, fratello caro, dove porti i tuoi amati fratellini?

- Ora vedrete.

Li portò alla stazione, li mise in treno legati come stavano e per tutto saluto disse loro:

- Andatevene, e non fatevi più rivedere da queste parti. Mi avete ingannato abbastanza. Adesso il padrone sono io.

Il treno fischiò, le ruote si mossero, ma i tre furbi fratellini se ne stettero buoni buoni al loro posto e nessuno li ha rivisti mai più.

da *Favole al telefono* di Gianni Rodari

CHIAVI

1. 1d, 2b, 3c, 4a, 5b

2. 1. *dalla forza smisurata*, 2. *colpetto di forbici*, 3. *guardia al carretto*, 4. *colazione a letto*, 5. *tener d'occhio*

3. Un nuovo pianeta Terra

Un nuovo pianeta nel mezzo della Via Lattea, un globo con le stesse dimensioni della Terra e molto simile alla Terra, forse capace di ospitare una qualche forma di vita. Il corpo celeste, che non è ancora stato battezzato, è stato individuato da un gruppo di astronomi neozelandesi, australiani, italiani e americani che hanno annunciato la loro scoperta al congresso dell'American Astronomical Society. Il "New Zealand Herald", in un'intervista al professor Philip Yock, che ha partecipato alle ricerche condotte dall'Osservatorio neozelandese di Mount John e di quello australiano di Mount Stromlo, riferisce oggi che il nuovo pianeta ha una distanza dal suo "sole" simile a quella che separa la Terra dal nostro sole, un'orbita simile a quella terrestre, ha una massa leggermente superiore a quella del nostro pianeta ed è probabilmente più pesante della Terra.

"Le condizioni di questo pianeta sono tali da consentire un qualche tipo di vita, anche se non nelle forme in cui la conosciamo noi", ha detto Philp Yock. Secondo l'astronomo, è la prima volta che nel cosmo viene individuato un pianeta che presenta così tante analogie con il nostro. Quanto a "vedere" direttamente il nuovo pianeta, e quindi verificarne l'atmosfera e la presenza o meno di acqua, questo non è praticamente possibile: l'eventualità si riduce a una volta ogni milione di anni, quando si verificano le necessarie condizioni di allineamento.

Per scoprire il nuovo pianeta, che dista dalla Terra 30 mila anni luce, gli astronomi hanno utilizzato una nuova tecnica, basata sulle teorie di Einstein, secondo cui i pianeti possono essere trovati anche indirettamente, grazie al loro campo di gravità.

Negli ultimi tre anni sono stati trovati altri 17 pianeti, ma tutti troppo grandi, troppo vicini ai loro soli e costituiti in prevalenza da gas. Il pianeta scoperto dal team di astronomi neozelandesi, australiani, italiani e americani è quindi non solo il diciottesimo, ma è anche il miglior "candidato" a ospitare la vita in un altro sistema solare. Secondo gli studiosi, infatti, le sue dimensioni, la sua massa, la sua collocazione e la sua orbita fanno del nuovo candidato un possibile nuovo "pianeta Terra".

CHIAVI

1. 1. *simile a quella*, 2. *tali da consentire*, 3. *condizioni di allineamento*, 4. *in prevalenza da*

2. 1F, 2V, 3F, 4V, 5V, 6F, 7V, 8F

4. Medioevo

Data la difficoltà dei trasporti, evidentemente ogni zona consuma di prevalenza i prodotti locali. E certo la differenza dei cibi è assai più forte che oggigiorno tra le classi dirigenti e il resto della popolazione. L'impressione che si riporta, scorrendo certe liste di pranzi ufficiali, è quella di una quantità enorme di carne, di selvaggina specialmente; e il tutto condito di salse spesse di spezie con accompagnamento di frutti, di dolci speziati, senza mai il respiro di un piatto leggero.
E la pesantezza di quel mangiare è come accresciuta per noi dal fatto che i nostri antenati non si servivano di piatti, né di forchette, né di tovaglioli. Adoperavano fette grandi di pane sulle quali appoggiavano con la salsa la carne, e lì la mangiavano, si immagini con quali graziosi morsetti. La fetta di pane, e la parte che rimaneva, veniva gettata in un recipiente al centro della tavola: elemosina per i poveri. Se c'era una tovaglia, vi si pulivano le dita, sicché si doveva cambiarla più volte durante il pranzo, nonostante che si adoperasse anche l'acqua per risciacquare bocca e mani.
Naturalmente la gente qualunque mangiava più semplicemente. Il cibo classico d' ogni giorno dell'anno per il popolo era la zuppa, dove era cotto un pezzo di lardo, cioè del porco affumicato, salvo nei giorni di magro. Ma, lardo o selvaggina speziata, certo è che si mangiava molto.
Finito il pranzo c'era la siesta. Scherzi e giochi. Si faceva sull'uscio l'artigiano a dir la sua coi vicini. Esplodeva allora quel gusto allegro, grossolano, di beffa anche crudele, che è tipico del Medioevo.
La nostra città si avvia ormai verso la sera. Ancora lavora, ancora un pasto, ma più leggero. Salvo il piccolo branco di giovani oziosi e sciocchi che faceva il giro delle strade e vi giocava a dadi, sempre in cerca di beffe, la gente con la stessa naturalezza con cui le galline, i cani e i porci con l'ombra della sera ritrovavano il loro rifugio, si preparava a dormire.

CHIAVI

1. 1b, 2a, 3c, 4c

2. 1. *resto della popolazione*, 2. *né di tovaglioli*, 3. *centro della tavola*, 4. *mangiava più semplicemente*, 5. *mangiava molto*, 6. *tipico del Medioevo*

5. Il Carnevale di Venezia

Sembra strano a dirsi, ma la tradizione di maschere a Venezia risale ai secoli più bui. All'epoca dei monasteri, agli anni di paure e costrizioni che accompagnarono l'arrivo del secondo millennio. Le cronache veneziane riportano infatti che già nell'XI secolo, precisamente nel 1094, la città usava divertirsi nei giorni precedenti la Quaresima.

Un divertimento che deve aver fatto particolare chiasso nel lungo silenzio del Medioevo, visto che da allora, nella storia della Serenissima Repubblica di Venezia, si sono susseguiti quasi senza soluzione di continuità balli, divertimenti e follie, con un'eco diffusa in tutto il mondo.

Tante sono le testimonianze di quella travolgente attitudine al divertimento. Nel 1571, ad esempio, si racconta che l'euforia della vittoria nella battaglia di Lepanto ispirò la sfilata di maschere esaltate in cui si celavano giovani travestiti da turchi, da negri, da svizzeri, da ortolani. Senza alcun dubbio, comunque, il Carnevale che più di tutti nei secoli scorsi ha contribuito a creare il mito dei festeggiamenti in Laguna, è quello del Settecento: a quel tempo la pazzia durava giorni e giorni. Assaliva le genti di Venezia e quelle arrivate da lontano già ai primi di ottobre, con l'apertura dei teatri. Trovava un momento di quiete tra il 16 ed il 25 dicembre, poi riprendeva per durare sino alla mattina precedente la Quaresima.

Al Carnevale partecipavano tutti. Non si distingueva il patrizio dal popolano, il cittadino dallo straniero. Abitudine era in quel gran caos il passeggio di maschere in Piazza San Marco, la sosta nei caffè. Nei casini e nei ridotti vicini si praticava invece il gioco d'azzardo, con le carte, il biliardo, la dama, morra e scacchi. Al periodo del Carnevale corrispondeva inoltre una ricchissima stagione teatrale, mentre molti concerti si eseguivano negli stessi caffè e nelle case private.

In seguito alla caduta della Repubblica, anche la tradizione del Carnevale fu lentamente abbandonata, per ricomparire nel calendario delle manifestazioni popolari solo in tempi recentissimi. La rinascita si fa infatti risalire ai nostri anni Settanta: di festa in festa, di maschera in maschera la voglia di follia ha in qualche modo invaso le strade tanto da far nascere il Comitato per il Carnevale di Venezia, un consorzio che riunisce trentacinque società veneziane che operano nel campo della cultura, dello spettacolo e del turismo. Una festa che ogni anno attira circa un milione di persone.

CHIAVI

1. 1a, 2b, 3b, 4c

2. 1. *precedenti la Quaresima*, 2. *festeggiamenti in Laguna*, 3. *apertura dei teatri*, 4. *ricchissima stagione teatrale*, 5. *fu lentamente abbandonata*, 6. *milione di persone*

6. Piccole meraviglie d'Italia

Ho incontrato delle persone che parlavano dello sviluppo turistico della loro regione. Progettavano di costruire porti, alberghi, abitazioni, centri commerciali. "Ma cosa volete fare della vostra terra?", ho domandato loro. "Se costruirete queste cose distruggerete quel poco di natura, di pinete che ancora vi resta." A poco a poco si estenderà dovunque un'immensa città monotona, brutta. Una città di pensionati, senza imprese, senza giovani, senza vita. Come è già accaduto sulla costa spagnola, o su quella francese.

L'Italia è un paese piccolo, bellissimo, con tremila anni di storia, dove ogni luogo, ogni pietra sono carichi di simboli e di ricordi. Ogni singola regione è un microcosmo. La Lombardia ha i colossi innevati e la pianura nebbiosa. La Toscana montagne di marmo e coste coperte di pini. La Sicilia le rocce nere di Catania e quelle miele di Palermo. E su questo territorio variegato sono cresciute, nell'arco dei millenni, le civiltà greca, etrusca, romana, bizantina, medioevale, rinascimentale, barocca, moderna, città Stato e imperi. Una bellezza in miniatura, vulnerabile dal turismo di massa. Che, perfino quando non costruisce niente, ne altera comunque lo spirito. Pensiamo a Venezia, l'orgogliosa capitale di un impero i cui palazzi, sul Canal Grande, erano le dimore delle potenti famiglie patrizie, le cui navi hanno dominato il Mediterraneo e combattuto, in cento battaglie, i turchi. Oggi quegli stessi palazzi sono alberghi e quello del doge un elegante contenitore per mostre e convegni. Chi arriva incontra folle di turisti anonimi che mangiano, scattano fotografie e comperano souvenir. Se vuol evocare il passato, se vuol vedere l'antica Venezia, deve appartarsi, cercare la solitudine. Noi andiamo sulle spiagge tropicali per trovare il sole, il mare, l'eccitante pesca del barracuda. Non ci interessano i dettagli delle chiese, le forme delle case, l'armonia di un giardino. Ma cosa vede un turista a Lucca, a Roma, a Caserta se non è capace di percepire il valore simbolico delle forme?

Per sviluppare turisticamente il nostro Paese, le strade, gli alberghi, i giardini dovrebbero amplificare questa percezione di armonia. O, perlomeno, non disturbarla. Evitando tutto ciò che è violento, volgare, moderno, chiassoso. Come i grandi condomini, i centri commerciali sgargianti, le luci alogene che distruggono la notte. Si tratta, in fondo, di rifare la scelta che alcune delle nostre città, alcuni dei nostri più celebri luoghi turistici hanno già fatto. Prendete il golfo di Napoli. La costa che va da Pozzuoli a Castellammare, costruita, cementificata, congestionata, povera, non ha più turismo. Questo vive a Sorrento, Ravello, Amalfi, Positano, Capri, Ischia, dove la natura è stata protetta, curata, dove l'architettura si armonizza dolcemente con l'ambiente. Luoghi rimasti intatti, stupendi, perché sono stati difesi come un santuario.

CHIAVI

1. 1a, 2a, 3c, 4b, 5d

2. 1. *ancora vi resta*, 2. *e di ricordi*, 3. *turismo di massa*, 4. *mostre e convegni*, 5. *il valore simbolico*

7. Il tempo

Meteo Radio, su informazioni del servizio meteorologico dell'Aeronautica.
Questo è il tempo previsto fino alle 24.00 di oggi: al Nord e al Centro e sulle due isole maggiori, cielo nuvoloso, con possibilità di precipitazioni, che localmente saranno temporalesche. In particolare sul Friuli-Venezia Giulia, sul Trentino-Alto Adige e sul Veneto. Neve sull'arco alpino tra i 1.500 e i 2.000 metri. Al sud della penisola si prevede un aumento della nuvolosità a cui seguiranno delle piogge. Le schiarite al Centro e al Nord avranno carattere temporaneo. Temperatura in diminuzione. Venti deboli o moderati intorno a Sud tendenti a nord-ovest. Dapprima sulla Sardegna, successivamente sul Tirreno. Mari poco mossi, con moto ondoso in aumento, a partire dai bacini occidentali.

CHIAVI

1. 1d, 2b, 3a, 4d

8. Salvare la Torre di Pisa

La Torre di Pisa avvolta da un enorme cilindro con un diametro di 70 metri e una profondità di 40 e la sua base attraversata da un canale per la raccolta dell'acqua piovana. Uno spettacolo certamente deprimente per uno dei monumenti più belli del mondo, già da anni sottoposto a terapia intensiva e proibito al pubblico ma, secondo gli inglesi, l'unico sistema per salvarlo da un crollo inevitabile.
Ad elaborare l'ennesimo progetto salva-torre stavolta non è la mente contorta di qualche stravagante ingegnere, ma un gruppo di stimati professori universitari. «Vogliamo veramente raddrizzare la Torre? Bene, ecco qua pronto un progetto infallibile», hanno raccontato i cattedratici ai giornalisti, presentando l'anteprima di un progetto di grande complessità che sarà presentato domani a Londra. Al progetto, definito rivoluzionario, hanno lavorato membri del «Campanile group», un sodalizio internazionale al quale aderiscono i migliori ingegneri e docenti universitari del Regno Unito e di altre nazioni. In anni di studi gli esperti del «Campanile group» hanno stabilito che molti dei guai della Torre - 55 metri d'altezza e oltre otto secoli di anzianità - sono da addebitarsi al suolo argilloso di Piazza dei Miracoli, sul quale nel 1173 fu costruito il campanile. E in un'intervista al Sunday Times, Ozdeimer Keskin - uno degli ingegneri che hanno realizzato il progetto - ha spiegato che «oggi sotto le fondamenta del monumento l'acqua scorre da nord a sud. Una volta isolata la Torre con il cilindro - ha aggiunto al quotidiano britannico - sarà possibile pompare l'acqua in modo inverso, cioè da sud a nord. L'acqua pompata porterebbe con sé particelle di suolo e provocherebbe una discesa controllata con conseguente consolidamento della Torre». Insomma, secondo il progettista, il sistema garantirebbe entro breve tempo un monumento «perennemente stabile».
Ma per salvare la Torre basterebbe soltanto qualche idrovora e una «panciera» di metallo? Assolutamente no - spiegano ancora gli scienziati - ma l'intervento faciliterebbe nel tempo ogni tipo di progetto per modificare l'angolo di pendenza al livello desiderato, e quindi salvare il campanile dal crollo.
Tutti i particolari del piano saranno presentati soltanto domani con mappe, calcoli e controcalcoli. Oggi la Torre si deve «accontentare» del progetto avviato fra mille difficoltà finanziarie. L'équipe del professor Michele Jamiolkowski ha ben lavorato e la pendenza si è praticamente arrestata. L'ultimo spavento per il campanile più famoso del mondo non è però arrivato dai suoi problemi idraulici, ma dalle casse dello Stato. Per un decreto non convertito, infatti, erano stati tagliati i fondi per continuare il progetto. Poi, dopo molte proteste, i soldi sono arrivati. Almeno per ora.

CHIAVI

1. 1b, 2b, 3a, 4d

9. Inserti

- ...Poi l'ultima cosa che volevo dirvi, e poi finiamo, è il discorso degli inserti. Ci sono gli inserti e io conosco solo gli inserti dei quotidiani del Nord. Ve li consiglio, perché quelli del Sud non li ho mai letti, quindi quelli del Centro e del Sud non li conosco. Ci sono degli inserti interessanti; sulla cultura e sui libri, vi segnalo *Il Sole 24 Ore* alla domenica, per cui vi ho detto prima. *La Stampa*, al sabato, un inserto tutto libri, dedicato a tutti i libri che escono in Italia.
- Quale giornale?
- *La Stampa. Il Corriere*, alla domenica, ha un inserto dedicato ai libri. *L'Avvenire*, quello della CEI, se volete i libri cattolici, dovete prendere questo inserto, si chiama *Guttenberg* ed è pubblicato al sabato, *L'Avvenire*, al sabato. Con *l'Unità*, ha anche una rubrica culturale; credo che sia la domenica. *L'Unità* è del Partito Democratico della Sinistra. Poi ci sono gli inserti sulla salute. Il più importante è quello del *Corriere* del lunedì, che ha un inserto tutto dedicato alla salute, la prevenzione delle varie malattie, la diffusione, la cura delle diverse malattie. Lunedì *il Corriere*, l'inserto sulla salute. Poi ci sono gli inserti di attualità. Attualità culturale e politica che sono per *la Repubblica*, *Venerdì. Venerdì* ha questo inserto famoso tutto colorato, stampato a colori, molto bello, come grafica, e ci sono una serie di articoli molto brevi con... in una pagina sola, hanno uno stile molto sintetico, che sono dedicati agli argomenti di attualità, interviste ai vari personaggi.

CHIAVI

1. 1a, 2b, 3d, 4c

10. Intervista ad una cantante

Voci quattro: prima giornalista (G1), cantante (C.), secondo giornalista (G2), terzo giornalista (G3)

G1 ...Dire due parole su di te, bolognese, giovanissima, grandissimo talento musicale, non ancora esplosa forse, non ancora conosciuta (- per fortuna!) dal grandissimo pubblico, ma apprezzata da un pubblico più attento, più raffinato, insomma; soprattutto apprezzatissima dalla critica che ti ha molto, ma molto coccolata, dal momento in cui ti ha scoperta. Dico bene?

C. Sì, dici bene.

G1 Senti, hai già suonato o devi suonare ancora, devi cantare?

C. Ho già suonato.

G1 Ah, senti, come è andato l'impatto davanti a 300.000 persone? Io so che tu, insomma hai fatto molti concerti, da sola, con Lucio Dalla ecc.. Però 300.000 persone credo che non capiti tutti i giorni di averle davanti.

C. Beh, sì, in effetti è molto diverso.

G2 Un po' di paura?

C. Sì, molta emozione più che paura.

G1 Senti il pubblico, come era, caldo?

C. Molto!

G1 Bello?

C. Bello, molto!

G1 Quanto, quanto, quanto hai suonato, quanto...?

C. Abbiamo fatto due pezzi, avrò suonato 10 minuti in tutto.

G1 Ah, quindi, poco. Avete suonato poco, ognuno di voi, in realtà?

C. Sì, sì, più o meno tutti facciamo due pezzi.

G1 Senti, nella scheda che è stata data nel corso di una conferenza stampa io leggo: "un autobiografismo che non si compiace di un'adolescenza, ribelle, sfrontata e tenera, che la faceva somigliare alla protagonista del film "*Senza tetto né legge*". Ma cosa hai combinato, quando eri adolescente?

C. Ma queste sono cose che scrivono loro, io li lascio scrivere.

G2 Senti, Angela, ma mi vuoi bene o no?

C. Io, molto!

G2 Benissimo!

G1 È il titolo della canzone di Angela che ha avuto anche un successo, insomma. Quando è uscito un anno fa, ormai?

C. Due anni fa.
G1 Due anni fa. E ora, che cosa...?
C. Ora, stasera ho presentato due pezzi nuovi. Uno si chiama "Nessuna risposta" e l'altro "Estasi".
G1 Sì.
C. E così, ho fatto la prova dal vivo.
G2 Preferisco estasi, eh?
C. Eh?
G2 Preferisco "estasi" a "nessuna risposta".
C. Anch'io.
G1 Hai testato con il pubblico, naturalmente.
C. Esatto.
G1 Ma sta per uscire un disco, qualcosa?
C. Mah, ci sto lavorando.
G1 Ho capito, ho capito. E, quindi, quest'estate tournée?
C. Tournée, si spera, sì. Io spero nel frattempo di fare pezzi nuovi, ogni tanto di fare qualche concerto; più che una tournée vera e propria, vorrei proprio, così, fare pezzi nuovi e suonare ogni tanto.
G1 Senti, sentiamo la musica di sottofondo molto..., che cosa, che cosa, c'è adesso sul palco?
G3 No, veramente, c'è solo un frastuono di sottofondo...
G1 No, sentivo...
G3 Sono in pausa. Non c'è musica in quest'istante.
G1 Sentivo una specie di tarantella, allora (devo avere le traviggole), evidentemente; no, succede?
G3 No, non viene da qui, per lo meno, non viene da qui.
G1 Va bene!
G2 Senti, Paolo Testa, dobbiamo lasciarti, perché abbiamo un nuovo collegamento (- certo!) e ci sentiamo subito dopo.
G3 Benissimo! Allora, intanto salutiamo Angela Baraldi.
G1 Ciao, Angela, grazie!
C. Ciao, ciao!

CHIAVI

1. 1a, 2b, 3c, 4b, 5d

2. 1F, 2V, 3F, 4V, 5F, 6F

11. Gli studenti stranieri in Italia

Voci tre: giornalista (G.), studente (S.), presidente UXEI (P.)

G. Cala il numero degli studenti stranieri nel nostro paese. Molte le cause, tra cui anche quelle di ordine burocratico.

S. I problemi che incontra uno studente estero, sono tanti. Quelli principali sono quelli, trovare soprattutto una camera, che non si trova più, oggi come oggi, e poi trovare lavoro, perché molti di noi purtroppo non hanno la borsa di studio. E, quindi, per vivere qua devono lavorare.

G. È la testimonianza di Mohamed Bussuri, un giovane studente somalo dell'Università di Perugia, intervenuto all'incontro promosso nel capoluogo umbro dal segretariato regionale UXEI, sul tema "Presenza degli studenti esteri in Italia, e nuove norme di accesso all'Università italiana". Norme che non sono state accolte favorevolmente dalla popolazione studentesca estera. Soprattutto per i nuovi ostacoli che si verrebbero a frapporre per il rilascio dei permessi per studi. E la conseguenza, come sottolinea il presidente nazionale dell'UXEI, è che in Italia ci saranno sempre meno studenti stranieri.

P. Purtroppo non verranno, facendo sì che questo fenomeno di abbandono dell'Università italiana si prolunghi e si accresca, se si tiene conto che da oltre 10 anni a questa parte, la diminuzione di studenti universitari esteri alle nostre università è di circa mille e cento all'anno.

CHIAVI

1. 1. *ordine burocratico*, 2. *borsa di studio*, 3. *devono lavorare*, 4. *state accolte favorevolmente*

2. 1V, 2F, 3F, 4V, 5V, 6F

12. L'oroscopo

Voci tre: Francesco (F.), Tiziana (T.), astrologo (A.)

F. Altra telefonata in linea, sentiamo con chi possiamo parlare; pronto?
T. Pronto!
F. Ciao! Buonasera, come ti chiami?
T. Tiziana.
F. Quando sei nata?
T. Il 30/6/72.
A. Ciao, Tiziana, 30 giugno del '72. Cosa vuoi sapere, Tiziana?
T. Sull'amore.
A. Sull'amore.
F. Sull'amore. Da dove ci telefoni?
T. Palermo.
F. Da Palermo.
A. Ah, finalmente Palermo ha ripreso a funzionare.
T. Eh, sì.
A. Ah, adesso sarete tutti felici perché la scorsa settimana si lamentava che...
F. C'erano forse dei problemi in ascolto.
T. Sì, infatti... Non riuscivo a prendere la linea.
A. Allora, ti devo dire... Benissimo, Francesca, sei tu?
T. No, Tiziana.
A. Tiziana. Ancora una settimana senza lode e senza infamia. Caratterizzata questa settimana, che andrà dal punto fino al giorno 10-11, ancora da alti e bassi in quasi tutti i settori della vita. Ma non ti devi abbattere perché stanno arrivando dei tempi molto, ma molto buoni. Non bisognerà mettere a dura prova l'equilibrio e la comprensione per quanto riguarda i sentimenti, perché la tendenza a essere polemici da parte tua cercherà di prendere sopravvento e dovrà essere assolutamente scongiurata, questa tua tendenza a essere molto polemica; non devi fare polemica, non devi fare chiacchiere. Dovrai tenere strettamente sotto controllo la tua inquietudine e la tua intolleranza. Si vede che sei molto inquieta e molto cattivella, molto, ti arrabbi spesso.
T. E sì, infatti.
A. Non bisogna correre il rischio di provocare tensioni e contrasti all'interno dei sentimenti. Sarà più che mai necessario fare affidamento sulla comprensione e sull'appoggio di persone che ti sono vicine senza, naturalmente, siamo sempre lì, senza esasperarle. Quindi, da parte tua un po' di calma, perché, passati que-

sti 10 giorni che sono, diciamo, con alti e bassi, non sono tanto buoni, vedrai che già dalla prossima settimana ci saranno dei momenti migliori, e già si potrà cominciare a discutere seriamente.

T. Poi, posso chiedere un'altra cosa?

A. Eh…

F. Vediamo se riusciamo, eh?

T. Siccome io sono di maturità quest'anno...

A. Ah, per, per la scuola?

T. Sì.

A. Allora, è una cosa che...

F. Non potremmo farlo! Velocissimi, però.

A. Allora, in questi giorni la tensione è grande e aumenterà ancora la tua tensione perché sarai molto ricca, già questa settimana e la prossima settimana saranno ricche di impegni, quelli appunto scolastici, perché grazie a questi impegni che tu supererai, quindi già ti ho dato la risposta, ci saranno attuali, ci sono già attuali possibilità e aspirazioni. E qui c'è un'altra cosa da dire: controllare gli impulsi, evitare le parole di troppo, certi scatti di rabbia e insofferenza – sempre quello – si vede che sei proprio, che ti ammatti e ti arrabbi. Comunque, per quanto riguarda la scuola non ci saranno problemi; però, non partire con... dicendo "tanto non me ne frega niente, tanto sarò promossa lo stesso" perché dai, facciamo, pigliamo un bel voto alto, dai.

T. Magari!

A. Dai, alto. Senza andare col 36, andiamo un po' al 60, ...non dico, però 48, 49.

T. Magari!

A. Va bene?

T. Va bene.

F. Grazie, Tiziana!

T. Francesco, sei simpaticissimo!

F. Troppo gentile! Grazie!

T. Ciao! Ciao!

F. Ciao! Buonanotte! Adesso c'è...

CHIAVI

1. 1c, 2d, 3a, 4b

2. 1V, 2V, 3F, 4V, 5V

3. 1. *tutti i settori*, 2. *la tua intolleranza*, 3. *ti sono vicine*, 4. *parole di troppo*

13. La nazionale dei cantanti

Voci due: Paolo Vallesi - conduttore (P.V.), cantante (C.)

P.V. ...va bene. Senti e la nazionale dei cantanti ti ospita ancora, anzi, mi pare che tu stia...

C. Sì, sì, ci... stiamo bene, abbiamo ricominciato anche a vincere ultimamente, e questo ci fa bene, insomma...

P.V. So che tu sei uno degli artefici di questo nuovo corso del ringiovanimento della squadra?

C. ...No, non parlerei di...

P.V. I senatori stanno cominciando a vacillare, no?

C. Non parlerei di ringiovanimento e comunque non sarei mai all'altezza; lì c'è Ramazzotti il presidente che decide. Ed è chiaro, insomma, c'è un po' la voglia nei giovani, scalpitano, no? e vogliono giocare e quindi è giusto anche così; un po' di rotazione perché, se no, sai, succede che se nessuno va mai via, fra 10 anni la nazionale invecchierà senz'altro.

P.V. Anche perché Morandi è molto bravo, ma quanti anni ha ormai?

C. Lui non lo so. Ne avrà 46, però tra l'altro fisicamente non è che ha niente da invidiare a..., a noi.

P.V. Assolutamente. Ma poi è uno che la prende molto sul serio, si allena sempre.

C. Sì, sì, è capace di correre 90 minuti lui magari, che noi. Però è giusto, un po' di rotazione proprio per far sì che tutti giocano e tutti si divertono.

P.V. Quali sono i giovani per finire, e poi ti lascio andare, (- Sì) più interessanti arrivati in questi ultimi tempi in squadra?

C. Mah, fortissimi..., va be', Ligabue, però lui c'era prima di me, per cui è già 3 anni che c'è, però lui è molto forte; però, ultimamente è arrivato Gatto Panceri, la riscoperta di Biaggio Antonacci, che è arrivato non calciatore, invece si sta scoprendo calciatore.

P.V. Ha imparato adesso, in pratica...

C. Così come Carbone, insomma, stanno migliorando. Poi c'è Tiziano Cavalieri che è fortissimo, e gli auguro anche un grande futuro discografico, perché insomma...

P.V. Di solito le cose vanno anche di pari passo. Perfetto, l'appuntamento è rinviato a domani con Paolo Vallesi su Radio Deejay. Ci vediamo domani.

C. Ciao, Paolo.

CHIAVI

1. 1b, 2d, 3c, 4d

2. 1. *ci fa bene*, 2. *corso del ringiovanimento*, 3. *da invidiare*, 4. *grande futuro discografico*

14. Pubblica sicurezza

Voci due: conduttore (C.), agente (A.)

C. Che ti è successo, scusa Lino, di così drammatico?
A. Ah, ma veramente niente! Sto lavorando.
C. Che lavoro fai?
A. Sono un P.S.
C. Un P.S., yeh, yeh! Cioè, un socialista?
A. No!
C. Ah, no! Eh, che è?
A. Un agente.
C. Pubblica sicurezza?
A. Affermativo.
C. Tanto l'avevo capito. Senti, poi però, pubblica sicurezza, può la pubblica sicurezza rendere più sicura la telefonata abbassando il volume della radiolina che ha lì sottomano?
A. Come no?
C. Grazie, agente.
A. Eh, mi prendi per i fondelli, ti diverti?
C. No, no! Per carità, che, che, perché? Oh, oh, perché dici questo? Che vuoi fare? Non ho capito.
A. Eh, al limite, se mi dai il tuo numero di targa, glielo passo alle autovetture, dopo di che, lasceremo fare a loro.
C. Ah, sì, che mi fanno? Sentiamo.
A. Beh, ti fanno un salutino, no?
C. Un salutino?!
A. Ti offrono il caffè.
C. Mah, gua..., io sono talmente prudente, talmente un guidatore modello che soltanto il caffè possono offrirmi.
A. No, visto che all'Alberto l'abbiamo già beccato.
C. Alberto Bisi?
A. Affermativo!
C. Veramente? Ellà, ma siete...
A. Eh, ci siamo fatto quattro risate.
C. Siete, siete cattivi, eh?
A. Eh, no, per l'amor di Dio, per gli amici mai, guarda.
C. Ma, perché, ce l'avete con noi? Non ho capito.
A. No, per l'amor di Dio; invece devi sapere che vi seguiamo sia giorno e notte.
C. Meno male, meno male.

A. Meno male; almeno quello, no dici tu? Almeno siete voi che ci tenete compagnia visto che... Quell'amico..., te hai detto che dovremmo fare il cuore solitario: 'ste ragazze manco ce guardano...
C. Perché non vi guardano, il fascino della divisa, io so che molte donne sono attratte dalla divisa. Tante volte...
A. Ma va, ando stanno?
C. Tante volte lasciano voi fuori dalla stanza da letto e portano a letto la divisa soltanto.
A. Ah, la divisa soltanto!
C. Addirittura; no, me l'hanno raccontato che loro amano le divise, le ragazze.
A. Ah, la divisa, ma non chi la porta!
C. Sì. Dipende, dipende anche, è ovvio, no? Anche gli agenti, anche tra gli agenti ci sono quelli che piacciono di più e quelli che piacciono di meno.
A. Eh, guarda caso, però.
C. Tu sei uno che piace?
A. Sì, ma piaccio alle persone sbagliate, guarda caso.
C. Sbagliate, va be' e allora va be'! L'importante è piacere a qualcuno; pensa a quelli che non piacciono né a quelle giuste, né a quelle sbagliate. Pensa che tragedia! Almeno, almeno...
A. No, mo' ti dico una cosa. Perché non lanciamo un messaggio?
C. Lancia tu e poi ci salutiamo, dai, lancia!
A. Che lancio io, cavolo...! No, nel senso, io al limite ti posso lasciare il numero, se qualche ragazza che mi vorrebbe...
C. Ah, ho capito!
A. ...chiamare per sbaglio, non è che dico...
C. Va bene, vediamo, se richiama, poi ti mettiamo in contatto con lei, va bene?
A. Ma il numero glielo lascio alla Morena?
C. Eh sì, penso che il numero l'abbia già preso la Morena, no?
A. No.
C. Eh, allora, richiama e lascia il numero alla Morena, va bene?
A. Va benissimo!
C. Ti aspettiamo, ciao! A presto!
A. Ciao, a presto!
C. Buonanotte e buon lavoro soprattutto. 035879294...

CHIAVI

1. 1b, 2d, 3a, 4c, 5c

2. 1. *di targa*, 2. *guidatore modello*, 3. *giorno e (che) notte*, 4. *piacciono di meno*, 5. *persone sbagliate*

15. Due scrittori confessano

Voci tre: Dino Buzzati (B.), giornalista, Goffredo Parise (P.)

B. Il fatto è che io di indole proprio sono quasi visceralmente pessimista. E pensare che né che questo pessimismo mi sia nato da tristi esperienze. Devo ammettere che complessivamente nella famiglia, negli studi, nel lavoro, nella salute, io complessivamente sono stato un uomo fortunato, non posso lamentarmi. Eppure io ho avuto sempre questa sensazione, come se dovesse succedere qualcosa di triste e di brutto. Soprattutto io sono in un posto tranquillo e silenzioso come in campagna e ho come la sensazione che da un momento all'altro debba capitare qualcosa di catastrofico; non so, come un bolide, un meteorite che piombi sulla terra e la sfasci, una roba di questo genere qui. Questo l'ho avuto sempre. E questo nei racconti probabilmente si simbolizza, si può dire così, si estrinseca in questa minaccia diffusa nell'aria che circonda molti dei miei personaggi. Penso che sia così. Tutto a parte, uno scrittore è difficile che possa essere un buon interprete delle cose che ha scritto e dei personaggi che ha messo al mondo.

Ora il grande romanziere e narratore Goffredo Parise, seduto in Piazza San Marco a Venezia ci farà scoprire come la Piazza sia un'opera vivente, un palcoscenico in cui si rappresentano scenari magici, costruiti dalla gente che l'attraversa da innumerevoli anni.

P. Questa è la Piazza San Marco; è la prima Piazza San Marco che ho visto nella mia vita, quando avevo 3 anni, 4 anni. E poi a 5 anni, l'ho vista com'è ora ed è rimasta la più grande emozione estetica della mia vita. Ho scelto la Piazza San Marco non tanto perché sia un'opera d'arte, nel senso che s'intende convenzionalmente, cioè l'opera di un individuo, di un architetto, di un artista. Ma perché è una grandissima opera d'arte della vita, cioè è la sua vitalità, il suo movimento, la sua dinamica che la rende, che dà delle grandi emozioni, insomma; non si..., non è soltanto la chiesa o la piazza, o il senso delle proporzioni; è proprio tutto quello che ci gira intorno: dai piccioni alle pasticcerie, dal *Florian* alle orchestre di caffè. Non si può pensare una Piazza San Marco astratta, museificata. Si deve pensare proprio una... come un'opera d'arte viva, in progress, come si direbbe. In fondo, il mio primo romanzo, quello che ho scritto a 18 anni, "Ragazzo morto e le comete", praticamente si può dire che l'ho scritto in Piazza San Marco, in quanto abitavo qui vicino, avevo una stanza qui vicino. E anche il secondo romanzo, "La grande vacanza". In sostanza io ho scritto due libri, devo due libri a Venezia, ma in particolare, a Piazza San Marco.

CHIAVI

1. 1c, 2b, 3a, 4c

2. 1. *un uomo fortunato*, 2. *qualcosa di catastrofico*, 3. *messo al mondo*, 4. *grande emozione estetica*, 5. *la sua dinamica*, 6. *Piazza San Marco*

16. Una professione diversa

Voci tre: primo conduttore (C1), seconda conduttrice (C2), pilota (P.)

C1 Una telefonata dall'alto, molto in alto. Noi siamo raccomandati. Pronto, Carlo.
P. Ehi, oplà, sono qua!
C1 Ci chiami dall'elicottero?
P. Ma no, sono appena atterrato.
C1 Ah, ecco!
P. Ho avuto una giornata intensa di volo col piacere del bel tempo, e siamo atterrati da circa un paio d'orette.
C2 Ma Lei è pilota di elicottero come professione, intendo, è la sua professione o un hobby?
P. Eh, no, quale hobby! Io ci lavoro, guadagno da vivere e in più, siccome ho la fortuna di collegare insieme la professione con la passione, quindi rientra anche... nella classifica degli hobby.
C2 È una di quelle persone privilegiate che viene pagato per fare qualcosa che ama fare.
P. Ringraziamo Dio, proprio così, eh.
C1 Anche tu, Monica, no?
C2 Eh, sì, be', insomma, anche.
P. Anche Monica magari (- Sì, sì!) ...lo fa con molto piacere.
C1 Lei ama molto il rock, ama molto la radio.
P. Allora, siamo due persone privilegiate Monica, vedi ci siamo incontrati così per caso questa sera.
C2 Senti, qual è lo spettacolo più bello della natura naturalmente al quale hai assistito, io ti do del tu, tu mi dai del tu, ma insomma...
P. Eh, va bene.
C2 ...Al quale hai assistito dall'alto dell'elicottero, che so, un tramonto sulle Alpi, oppure un mare meraviglioso, qual è?
P. Lo spettacolo più bello della natura a cui ho assistito, credo di ricordare, è il momento del disgelo sulle Alpi piemontesi, sul Colle de Nivolet... quando, eh..., la natura incomincia a rivivere e a riprendere aspetto col ritorno del bel tempo. Diciamo che cambia il paesaggio, si scioglie la neve, incominciano a riempirsi questi ruscelli pieni d'acqua, e i primi crochi incominciano a venir fuori dalla neve, e quando ci si ferma su un prato, per aspettare magari di fare un altro volo di trasferimento, si sente proprio il profumo vivo, intenso di questa natura che rientra nell'anima di tutti quanti...

C2 Che bravo raccontatore che sei! Ce l'hai fatta..., l'abbiamo vista.
C1 Carlo da Torino, un poeta!
P. No, non l'ho studiato, è uscita così..., mi è uscita così spontanea, non l'ho studiato.
C2 L'abbiamo visto coi tuoi occhi, pensa.
P. Sarebbe molto bello, potervi trasferire un po' su queste montagne piemontesi, dove io vivo qui dal '76 ormai, lasciando la mia vecchia Terronia...
C2 Sì, perché dall'accento non mi sembri proprio alto atesino; da dove vieni?
P. Sono campano...
C2 Eh, l'avevo capito.
P. Sono campano.
C1 Però il monte Rosa è il monte Rosa.
P. Monte Rosa e il monte Bianco, il gruppo di Gran Paradiso, il Monviso sono tutte montagne che ormai sono quasi 20 anni che sorvolo in continuazione, e che, diciamo per questo lavoro, nel quale sono entrato circa 20 anni fa, come dicevo prima, per un primo periodo da militare e poi successivamente dall' '80 in avanti con abito civile ho continuato a fare questa attività.
C1 Ma l'elicottero che cosa trasporta?
P. L'elicottero trasporta tutto.
C1 Persone che vanno a sciare anche?
P. Vi trasporta perfino questa energia con la quale voi state comunicando, perché l'elicottero è quello che è andato a costruire le linee elettriche in alta montagna.
C1 Certo... Le antenne.
P. È quello che fa collegamenti con le piattaforme petrolifere sull'Adriatico.
C2 Certo. Dove lavorano centinaia di persone.
P. Centinaia di persone; che fa il servizio di soccorso.
C2 Come no, è importantissimo.
P. L'elicottero è la massima espressione della libertà.
C2 Bello, questo!
P. L'elicottero è tutto, per un essere umano che è capace di apprezzarlo e di viverlo insieme in una maniera da fare quasi parte integrante del suo stesso corpo...

CHIAVI

1. 1b, 2a, 3b, 4d

2. 1. *con la passione,* 2. *che ama fare,* 3. *sulle Alpi piemontesi,* 4. *queste montagne piemontesi,* 5. *in alta montagna,* 6. *espressione della libertà*

17. Programmi giovanili

Voci tre: prima alunna (A1), seconda alunna (A2), insegnante (I.)

A1 ...perché molta gente rimane influenzata da questi programmi, soprattutto da uno che è formato da delle ragazze. Sono ragazze da 13 a 20 anni, diciamo, che fanno una trasmissione ballando... sottocultura... E, quindi, influenzano un po' i giovani.

I. Ma voi queste trasmissioni non le guardate?

A1 Io no!

A2 Io la trovo stupida proprio perché, cioè nel senso che...

I. Stupide lo sono, sì!

A2 Non trovo...

(- A parte il fatto che sono abbastanza noiose...)

A2 Sì, fanno sempre le stesse cose. Fanno sempre le stesse cose; e poi comunque, cioè ballano, cantano, fanno giochi sciocchi.

A1 Ma poi non sarebbe una cosa normale se, cioè, non è che non è normale, però, siccome è formato da tutte ragazze quasi sempre poco vestite, queste cose, cioè di solito sono i ragazzi a guardarle, che rimangono impressionati da queste ragazze, innamorati; però noi più di tanto cioè facciamo dei piccoli commenti.

A2 Comunque, ci sono...

I. Ma non ci sono ragazzi anche?

A1 No. ...Porca miseria!

A2 Ci sono anche, ci sono anche, ci sono anche delle ragazze che... cioè il problema è che ci sono molti che prendono, proprio come modello queste ragazze. Cioè il problema è quello, nel senso che avere come modello una ragazza che va in televisione a ballare, a cantare... cioè senza avere una base di cultura dietro, così comunque...

I. Comunque non penso che tutte le ragazze della vostra età la pensino così.

A1 No, infatti, perché... cioè... noi la pensiamo così perché, a parte che cioè ne parliamo molto in classe, quindi la prof. ci fa riflettere; però, ci sono molte altre ragazze della nostra età o più piccole o più grandi che, appunto, prendono come modello, come ha detto Lei, queste ragazze e, diciamo, le imitano, cercando di essere come loro.

CHIAVI

1. 1F, 2V, 3V, 4V, 5F, 6F

2. 1. *poco vestite*, 2. *rimangono impressionati*, 3. *come modello*, 4. *essere come loro*

18. Un pranzo indimenticabile

Un matrimonio che non dimenticheremo mai. Erano in molti a pensarla così alla fine di un banchetto di nozze in un grande albergo romano la scorsa settimana. Tartine di pesce, risotto ai fiori di zucca, tagliatelle e funghi, arrosto con verdure, bavarese e torta nuziale. Una gran mangiata in allegria, poi gli auguri per gli sposi che partono per la Polinesia e tutti a casa. Ma poco dopo iniziano i dolori. Quelli veri: mal di pancia, febbre altissima, anche un collasso. In 30 si devono ricoverare in ospedale. Alla fine la diagnosi: salmonella per tutti, o quasi. Su 106 invitati, solo 6 si sono salvati. Gli altri non sono stati risparmiati dalla malattia infettiva. L'incredibile vicenda è accaduta a Roma in uno dei migliori alberghi della città. Doveva essere un matrimonio da favola, ma si è trasformato in una mezza tragedia. "Abbiamo passato giorni terribili" ha raccontato la madre della sposina. "Il nostro telefono era diventato un centralino per ammalati, senza contare la rabbia per quello che ci era costato il rinfresco". Intanto, i responsabili dell'hotel aspettano i risultati dell'indagine e fanno sapere di essere assicurati. E gli sposi? Ignari e felici nei mari del Sud? Neanche per idea. Per loro il mal di pancia era già iniziato in aereo.

CHIAVI

1. 1V, 2F, 3V, 4V, 5F, 6F, 7V, 8F

2. 1. *banchetto di nozze*, 2. *in ospedale*, 3. *si sono salvati*, 4. *una mezza tragedia*, 5. *essere assicurati*, 6. *iniziato in aereo*

19. Stasera a Milano

Sempre questa sera, alle ore 21.00, presso la Triennale di Milano, in viale Allemagna 6, nell'ambito della serie di conferenze "Architetti, progetti e città d'Europa", organizzato dalla Triennale di Milano, dalla ARCH, dal CRIFA, l'architetto Manuel Grassa Dias parlerà dei suoi progetti recenti.

Gli alunni del liceo milanese Bertrand Russel puliscono la metropolitana: giovedì 5 maggio, dalle ore 15.30, due classi del liceo prenderanno in consegna la stazione Loretto della metropolitana, linea 1, ed inizieranno a pulirla da scritte e graffiti. L'iniziativa è promossa da insegnanti ed allievi delle prime classi del liceo Bertrand Russel.

Proseguono sino al 7 maggio, alle ore 21.00, le repliche di "La casa di Bernarda Alba" di Federico Garcia Lorca, allestito dagli allievi della scuola d'arte drammatica "Paolo Grassi", diretta da Carlos Martin. Alla sala teatrale della scuola, in via Salasco 4. L'ingresso è gratuito.

Al chiostro di via Molino delle Armi 45, alle ore 20.30, concerto di May e Guglielmo Hemingsen, soprano e pianista. I due artisti argentini propongono tra l'altro pagine di Tosti, di Verdi e dello stesso Hemingsen. L'ingresso è libero.

Al museo di storia contemporanea Franco Della Perutta, Piero del Negro e Giorgio Rochat presentano il libro di Nicola Labanca "In marcia verso Adua", edito dall'Einaudi. Questa sera alle 17.30, in via Sant'Andrea 6.

Nico Orengo e Gaia Servadio presentano alla libreria Feltrinelli il libro di Boris Biancheri "L'ambra del Baltico", edito dalla Feltrinelli. Interviene l'autore, in via Manzoni 12, questa sera, alle ore 18.00.

CHIAVI

1. 1V, 2F, 3F, 4V, 5F, 6F, 7F, 8F

2. 1. *suoi progetti recenti*, 2. *insegnanti ed allievi*, 3. *dall'Einaudi*, 4. *alla libreria Feltrinelli*

20. Mafia

Un tasso di delinquenza (politica), di delinquenza è fisiologico in tutti i Paesi. In Italia ha una caratteristica diversa, perché? Perché nel Sud "Cosa Nostra" si è inserito in un contesto sociale, che è quello che richiamavo prima, di un Paese a cui le strutture dello Stato sono state imposte dall'alto, in una popolazione a cui..., che si è vista imporre dall'alto delle strutture statuali estranee alla sua cultura, la delinquenza organizzata si è posta come alternativa allo Stato. Cioè, per ottenere un... qualche cosa, giustizia, no?, il contadino X mi invade il mio campo e dice che 10 metri del mio campo sono suoi. Se io mi rivolgo ai carabinieri, ci metto 10 anni per avere ragione; perché devo andare a fare la denuncia, devo fare il processo, ecc.. Io mi rivolgo al mafioso del paese, al boss del paese, questo qui, gli pago qualcosa, in 3 giorni ha risolto il problema; perché va lì e dice a quello là: "se non ti togli, ti elimino, eh?, ti ammazzo". Allora questo effettivamente ha un servizio, ma può radicarsi, la mafia può radicarsi, perché effettivamente c'è una cultura estranea allo Stato. Cioè, se... si serve di una cultura estranea allo Stato. Offre a questa gente dei servizi che lo Stato non offre nello stesso modo, che lo Stato, cioè non è in grado di offrire nello stesso modo, per cui si radica. Quello che è successo negli ultimi anni, questo riguarda l'origine storica, perché la mafia ha preso..., ha messo delle radici così forti; sapete che in Sicilia, sono delle stime, ma sembra che almeno il 40-45% dell'attività economica sia controllata dalla Mafia, no? E non è una stima molto esagerata. Quindi, vuol dire che la mafia ha messo delle radici molto, molto profonde. Le ha messe per questo motivo. Della lontananza e della inefficienza delle strutture statali. Ma l'inefficienza delle strutture statali è dovuta anche all'impreparazione, alla mancanza di coscienza civica di..., della popolazione. La mancanza di coscienza civica della popolazione storicamente è dovuta a come si è realizzata l'unità italiana. Alle modalità in cui si è realizzata l'unità italiana. Quindi, questo è spiegabilissimo. Questo, però, vale per il passato. Per adesso, ormai, c'è una..., soprattutto da quando devo dire che... anche la Chiesa cattolica ha avuto un'importanza notevole in questo cambiamento di mentalità. Ultimamente sono stati uccisi dei parroci, dei sacerdoti, no? Perché? Perché la Chiesa cattolica si è schierata decisamente contro l'omertà, contro la cultura dell'indifferenza; cioè prima la mafia poteva passare perché o uno faceva finta o era d'accordo, cioè li ammira perché dicono "mi danno le cose che lo Stato non mi dà", oppure faceva finta di non vedere, no? Cioè, c'è il discorso dell'omertà, oppure aveva paura a denunciare, per cui non denunciava.

CHIAVI

1. 1c, 2b, 3d, 4b

2. 1. *allo Stato*, 2. *ci metto dieci anni*, 3. *estranea allo Stato*, 4. *sia controllata dalla Mafia*, 5. *l'unità italiana*, 6. *la cultura dell'indifferenza*

21. La pagina della cultura

Voci tre: prima giornalista (G1), seconda giornalista (G2), professore (P.)

G1 La pagina della cultura: è una giovane studiosa di 25 anni la traduttrice che per prima, dopo tanti anni, ha avuto il coraggio di affrontare uno dei testi più difficili della letteratura in lingua inglese, l'*Ulisse* di Joyce. Un evento editoriale proposto dalla *Shakespeare and Company* che farà piacere non solo agli appassionati dello scrittore irlandese. Sentiamo Federico Pietra Nera.

G2 Finora dell'Ulisse esisteva una solo traduzione in italiano. Quella portata a termine nel 1960 da Giulio de Angelis. Poi aggiornata, man mano che dell'originale inglese venivano corretti gli errori di stampa. Questa nuova traduzione del capolavoro di Joyce è stata fatta da una studiosa venticinquenne, Bona Flecchia. All'anglista professor Masolino d'Amico chiediamo di spiegarci perché è importante avere una nuova traduzione dell'*Ulisse*.

P. È bellissimo che si facciano delle nuove traduzioni; anche perché io dico sempre, le traduzioni sono come i cani, sono fedeli, ma invecchiano più rapidamente del padrone. Cambiano, cambia il modo di sentire, cambia il modo di capire le cose e poi, siccome le traduzioni non possono mai essere perfette, le nuove traduzioni sono sempre... sono spesso meglio. Tengono conto delle cose buone, spero, di quelle passate e ne aggiungono delle altre. Quindi, è un'ottima cosa. Poi, un'opera così difficile, complessa, arzigogolata... anche se questa traduzione non fosse buona come la precedente, anche... averne due è sempre... due punti di riferimento. Quindi, la notizia è positiva.

CHIAVI

1. 1. *in lingua inglese*, 2. *gli errori di stampa*, 3. *rapidamente del padrone*, 4. *ne aggiungono delle altre*

2. 1V, 2F, 3V, 4F, 5V, 6F

22. Cronaca

Il servizio di Niccolò Vecchio.

"Ma', apri la porta e dammi i soldi, altrimenti metto fuoco al trullo". Sono le parole incise sul nastro magnetico che hanno tradito Silvano Pugliese, il tossicodipendente di 25 anni, accusato di aver ucciso la madre, Donata Balsamo, e il suo convivente, Giovanni Caliandro, nelle campagne di Ceglie Messapica, in provincia di Brindisi. Da quando le era calata la vista, la donna portava sempre con sé un registratore che metteva in funzione ogni volta che bussavano alla porta. Fece così anche la sera del 26 aprile; quando gli inquirenti hanno ascoltato l'audiocassetta hanno potuto ricostruire tutta la vicenda. Si sentono varie voci provenire da fuori. Evidentemente c'era più di qualcuno. Poi una voce più nitida, già sentita. Sarebbe quella del figlio della donna che chiedeva alla madre di aprire. Il nastro continuava a girare e registrava tutto. Si ode perfettamente il rumore dei sassi contro la porta. Sono morti così, per asfissia, Donata Balsamo e Giovanni Caliandro. Tuttavia, per avere una conferma inoppugnabile che la voce incisa sulla cassetta sia proprio quella del figlio della donna, bisognerà attendere l'esito di una perizia fonica già predisposta dal magistrato.

CHIAVI

1. 1c, 2d, 3c, 4b

23. Fellini multimediale

Voci tre: prima giornalista (G1), seconda giornalista (G2), direttore (D.)

G1 È stato presentato oggi a Roma "Tutto Fellini", l'ultima novità della EDITEL, realizzata in collaborazione con l'Ente dello spettacolo. Si tratta del terzo titolo della prima collana di editoria elettronica italiana, dedicata interamente al cinema. Il servizio è di Rita Salerno.

G2 Un progetto che si rivelerà molto utile nella pubblicistica cinematografica; il cd-rom ha infatti un vestito accattivante, con il contenuto di un'enciclopedia e l'apparenza di un videogame. Ed è in grado di attirare chi, come i ragazzi, non ama passare il tempo sui libri. La definizione dell'ultimo prodotto multimediale, noto sul mercato italiano, è di Andrea Piazzianti, presidente dell'Ente dello spettacolo, che ha curato alcune delle sezioni dell'opera dedicata al maestro recentemente scomparso. Sei ore che raccolgono la filmografia completa, inclusi i film diretti, le sceneggiature e i soggetti cinematografici realizzati per altri autori. Per saperne di più su questo progetto abbiamo intervistato Andrea Piazzianti, direttore dell'Ente dello spettacolo.

D. L'idea del progetto Fellini nasce dal desiderio di commemorare quello che consideriamo forse uno dei più grandi registi del cinema italiano. Il desiderio è nato nel periodo immediatamente precedente la morte di Fellini. Lo scopo era quello di dare al pubblico interessato tutti gli strumenti culturali per capire, per conoscere, per studiare, per apprezzare, per amare l'opera di questo grande regista. Questo per noi è un motivo di piacere; motivo perché l'opera è stata l'ultima opera curata dal nostro presidente, da Sergio Trassatti, che è morto purtroppo improvvisamente e prematuramente il 16 dicembre scorso; aveva soltanto 54 anni. Ed è stata l'ultima cosa che lui ha fatto per l'Ente dello spettacolo e questo ci fa molto piacere.

G2 Che prospettive apre questo tipo di progetto?

D. Mah, il progetto di una collana di editoria elettronica dedicato al cinema è un progetto che noi speriamo di portare avanti per i prossimi 2.000 anni. Siamo convinti che sia lo strumento di comunicazione del futuro e siamo convinti che anche da parte dell'organizzazione cattolica sia giunto il momento di rimboccarsi le maniche e di occuparsi anche di questi nuovi strumenti.

G2 Ho visto che siete già al terzo titolo. Volevo sapere il riscontro sul mercato italiano di questo tipo di prodotto.

D. Mah, i primi due titoli sono già arrivati alla terza ristampa. L'attenzione da parte del mercato italiano c'è, è molto alta e questo ci fa ben sperare per il futuro.

CHIAVI

1. 1c, 2c, 3b, 4d, 5a

2. 1. *interamente al cinema*, 2. *di un videogame*, 3. *maestro recentemente scomparso*, 4. *la morte di Fellini*, 5. *ci fa molto piacere*

24. Sud Africa

Voci due: primo giornalista (G1), seconda giornalista (G2)

G1 Ecco, quanto la gente si aspetta che cambi con le elezioni attuali?

G2 Moltissimo. Si aspettano tutti che cambi molto, soprattutto sul piano delle prospettive. Non c'è..., credo che molta gente abbia capito che il cambiamento non sarà molto veloce e cioè ci saranno alcuni anni, ci vorranno alcuni anni perché le cose migliorino sul piano pratico. Però c'è un miglioramento di speranza direi, cioè molta gente ritiene che adesso si possa cominciare a ricostruire questo paese che è un paese del resto molto bello, e che ha vissuto degli anni assolutamente tragici e che adesso, invece, ha una situazione con tanti problemi, con tante difficoltà, però di speranza sostanzialmente. Infatti, nelle strade di Soweto, lunedì sera, soprattutto quando poi la N.C. ha annunciato la propria vittoria, che è un po' una vittoria anche di tutti quelli che hanno creduto in una sorta di giustizia generale, c'erano nelle strade di Soweto, ci sono stati cortei spontanei, ci sono stati fuochi, danze intorno ai fuochi, ecc., insomma non solo a Soweto, voglio dire, Soweto perché, lo dico perché è conosciuta tra tutte le town-ship sia nella zona dove sto io qui a Johannesburg, sia nella zona del Capo; era una cosa molto molto spontanea; perché non era per niente organizzata.

G1 Certo, tu dici, io ne approfitto anche per chiedere, visto che siamo in collegamento, sia Veronesi, che Boccitto, che a Barbara Ramazzotti, se vogliono rivolgere delle domande. Tu dici che la gente ha abbastanza una prospettiva a medio termine. Ma in realtà continua a essere stridente l'idea che in fondo questo è il paese di gran lunga più ricco e potenzialmente più florido di tutto il continente africano. E che, invece, ha una dimensione non soltanto io credo legata al problema dell' Apartheid, ma comunque una dimensione di povertà drammatica a veder le immagini che spesso ci giungono.

G2 Ma ha una dimensione di povertà incredibile e devo dire che le immagini di solito sono riferite a situazioni urbane, in cui la povertà è estrema, ma non è così forte come in certe zone rurali, del resto, però... ed è molto stridente senz'altro perché è una cosa quasi, quasi incomprensibile, impossibile da spiegare; la diversità che c'è tra le zone bianche, dove si vive in condizioni direi occidentali, con lo stesso livello di tecnologie disponibili, con lo stesso livello di comodità ecc., e il terzo mondo, che è il piccolo insomma, cioè quello che ci aspettiamo come terzo mondo che si trova a distanza di 5 km l'uno dall'altro, insomma.

CHIAVI

1. 1a, 2a, 3d, 4c

2. 1. *piano delle prospettive*, 2. *a ricostruire questo paese*, 3. *per niente organizzata*, 4. *tutto il continente africano*, 5. *certe zone rurali*, 6. *l'uno dall'altro*

Ascolto Avanzato

1. L'Europa

Il punto è che noi siamo entrati in Europa perché avevamo e abbiamo un grande interesse comune con gli altri Paesi europei, a farla insieme questa Europa. Sai che cosa significa per voi ragazzi e ragazze poter andare liberamente a lavorare in qualunque parte d'Europa, senza passaporto e senza speciali permessi? Sa che mio cognato, poi ora non lo è più perché la gente si separa con una facilità che mi sgomenta, ma insomma quando era giovane, era calabrese, andò in Germania per specializzarsi; siccome era scuro di pelle, non gli volevano affittare manco una casa, quaranta anni fa, no? Ora lui, se va in Germania, è come se si trasferisce dalla Calabria alla Campania. È un arricchimento enorme. E pensi l'arricchimento per chi vende prodotti, no? Per chi c'ha un'impresa, automaticamente il suo mercato, anziché essere fatto da 50 milioni di italiani, è fatto da 200 milioni di europei. Sono queste le ragioni dell'Europa. Il programma Erasmus, che vi permette di andare in giro, e Shenghen che ha abolito i passaporti. Attraverso l'Europa noi... voi avevate un Paese così e vi abbiamo dato un Paese così. È questo il senso dell'Europa.

CHIAVI

1. 1b, 2c, 3a, 4d

2. Italiani e fast food

Voci 7: primo giornalista (G1), primo cliente (C1) ecc., canzone (can.)

G1 Allora, eccolo qua il tanto vituperato fast food, in questo documento di Luca Gentile, con il quale ci congediamo da voi, è andato, ha trovato dei clienti, soddisfatti e no per il cibo e, come diceva la nostra giovane amica, per il costo; questi sono i risultati, noi ci congediamo temporaneamente per ritrovarci domani sullo stesso argomento.

C1 È "easy", cioè è facile: prendo, mi siedo, chiacchiero... è senza impegno, non è come un ristorante che è impegnativo, una pizzeria impegnativa...

can. *Nel 2000, noi non mangeremo più, né bistecche, né spaghetti con ragù, prenderemo quattro pillole con gran semplicità, la fame sparirà...*

C2 Vengo a passar mezz'ora, prendo un tè, leggo un po' il giornale e sono a posto.

G2 Come mai sei qui a mangiare al fast food?

C3 Eh, perché si paga poco soprattutto; e poi abbastanza bene, in fretta...
(- Quattro mila e duecento, grazie!)

C4 Tutto sommato non è cattivo, cioè è buono; e poi penso anche per la velocità, cioè è molto più sbrigativo.

can. *Nel 2000, noi non mangeremo più...* (- Grazie, arrivederci, lo scontrino, grazie) *...né bistecche, né spaghetti con ragù...*

C5 Le patatine son buone, il tè va bene, e che cosa? Il gelato lo stesso è buono, a mille lire cosa si prende?

can. *...prenderemo quattro pillole con gran semplicità, la fame se ne andrà...*

CHIAVI

1. 1. *in questo documento*, 2. *soddisfatti e no*, 3. *prendo, mi siedo, chiacchiero*, 4. *né bistecche, né spaghetti*, 5. *un po' il giornale*, 6. *si paga poco soprattutto*, 7. *per la velocità*, 8. *tè va bene*

3. Oroscopo

Venerdì 31 marzo

Ariete: Avete voglia di cambiamenti e troverete le persone giuste per soddisfare questo desiderio.

Toro: Discutere fino all'estenuazione non vi porterà a concludere un buon affare; meglio attendere.

Gemelli: La vostra vivacità sarà contagiosa e tutti desidereranno starvi vicino per vivere momenti di allegria.

Cancro: Un desiderio segreto non può essere realizzato immediatamente, vi costerebbe troppo.

Leone: È difficile per voi accettare le imposizioni di chi vuole gestire la vostra vita in modo autoritario.

Vergine: Il lavoro si complica notevolmente, tutta colpa di un equivoco; parlate chiaro ed eviterete molti malintesi.

Bilancia: Sarete soddisfatti per aver portato a termine un difficile compito e molti riconosceranno il vostro valore.

Scorpione: Non è il momento di protestare, avrete contro troppi nemici pronti ad ostacolarvi.

Sagittario: Una situazione imprevista tornerà a vostro vantaggio; sappiate coglierla al volo.

Capricorno: Non saprete resistere alla tentazione e spenderete più del necessario, ma in compenso sarete soddisfatti.

Acquario: È il momento di imporre i vostri punti di vista anche se gli altri vi accoglieranno con grande stupore.

Pesci: Il cattivo umore è contagioso; dissipate al più presto questa aurea di pessimismo.

CHIAVI

1. 1. sì, 2. no, 3. no, 4. no, 5. sì, 6. sì, 7. sì, 8. no, 9. sì, 10. sì, 11. no, 12. sì

4. Moda e arte

Voci due: giornalista (G.), Laura Biaggiotti (L.B.)

G. Parliamo di moda e cultura; Lei è considerata una dei più importanti mecenati di Berni, recentemente ha finanziato il restauro della Cordonata, della scalinata del Campidoglio a Roma, ha messo a disposizione la sua collezione di quadri di Giacomo Balla. È importante questo rapporto tra la moda e, diciamolo, le altre forme d'arte?

L.B. Io chiamo sempre la moda, come dire, il figlio di un Dio minore, nel senso che è una sorellina, una sorellastra dell'arte. Però all'arte deve moltissimo e, quindi, in qualche modo deve restituire anche. Ecco, io considero un privilegio il fatto che la mia azienda possa attraverso gli utili che raggiunge nella vendita dei suoi prodotti nel mondo, e in particolare dei nostri profumi, poi restaurare delle opere d'arte e aiutare la fondazione "Biagiotti Cigna" e far conoscere di più diciamo quei grandi tesori dei quali noi ci avvaliamo in qualche modo, portando avanti il nome dell'Italia nel mondo. E, quindi, ecco... penso che sia anche per me una ricarica spirituale importante.

G. Al di là naturalmente dell'aspetto promozionale, non è un caso che la moda scelga l'arte...

L.B. Ma io credo che ci siano delle affinità sentimentali e intellettive.

G. Grazie a Laura Biagiotti per essere stata con noi...

CHIAVI

1. 1a, 2b, 3b, 4b

2. 1. *della scalinata del Campidoglio*, 2. *altre forme d'arte*, 3. *di un Dio minore*, 4. *deve restituire anche*, 5. *quei grandi tesori*, 6. *sentimentali e intellettive*

5. La sai l'ultima?

Voci due

Prima barzelletta

Allora, un uomo va dal dottore:

- Dottore, dottore, vi prego, mi deve aiutare; sono tre sere che io non dormo!
- Come non dorme?!
- Sono tre sere che io ho un incubo incredibile: io sogno la mia moglie che mi rincorre con un gorilla!
- Un gorilla?! Ma raccontami un po' com'è 'sto sogno.
- Ma niente, dottore: una roba bassa, grassa, pelosa, puzzolente, 'ste unghie lunghe, sporche, 'sto naso enorme. Una roba orribile.
- Eh, veramente Lei ha un problema.
- Un problema! E pensa che non ho ancora descritto il gorilla!!!

Seconda barzelletta

...Allora, un carabiniere e un finanziere si incontrano, ormai sono in pensione tutti e due, il finanziere benestante, il carabiniere, invece, poverino, non ha una vita molto brillante. Allora il finanziere gli dice:

- Senti, Carmelo, io ti devo dire la verità; ti ricordi quella volta che abbiamo sventato quella rapina al furgone dei valori della banca?
- Sì.
- Senti, io ti devo dire la verità: quella volta i sacchi non erano otto, erano nove.
- Come erano nove?!
- Sì, erano nove, il nono l'ho preso io.
- L'hai preso tu?!
- Sì.
- E che cosa c'era dentro?
- Beh, senti, c'erano due miliardi, c'erano dei gioielli, insomma c'era una serie di valori...
- E cos'hai fatto?
- Cosa ho fatto, mi sono fatto una villa, ho messo su un negozietto, mi sono comprato una barchetta, ho sistemato i figli.
- Ah! ...Senti, Augusto – dice il carabiniere al finanziere – allora, visto... verità per verità, mo' te la dico pure io: i sacchi quella volta non erano nove.

- No?!
- No, erano dieci.
- E il decimo?
- E il decimo l'ho preso io.
- E che cosa c'era dentro?
- Eh, delle cambiali.
- E allora?
- Eh, in buona volta le sto pagando!!!

CHIAVI

1. 1c, 2d, 3d, 4a

6. Alberto Sordi e la pasta

...un piatto domenicale che sempre mi faccio fare perché è piatto unico. Cioè un piatto di pasta e basta. Un bicchiere d'acqua, perché... Nella pasta c'è: la ricotta romana, proprio quella del pecoraio che lo fa ancora... ti manda la frocella così... con la ricottina. Tutto uno strato di ricotta nel piatto bollente, caldo. Poi la pasta sopra, poi il sugo di pomodoro, ma anche di carne. Poi, sopra, involtini, polpetine, filetti di melanzane... tutto 'sto piatto così... Questo è un piatto unico; certo, non potresti più mangiar niente perché... manca poi il fiato. Ma, comunque, è la pasta che mi induce, diciamo così, a mangiare, a esagerare. Perché io la pasta non la metterei mai all'inizio di un menù. Spunterei piccole cose ecc., e poi un piatto di pasta. A conlcusione di un pasto. Perché è il piatto..., perché dopo la pasta che (te) puoi mangiare di più buono, di più gradevole, di più saporito ecc.? La pasta è proprio principe...

CHIAVI

1. 1. no, 2. sì, 3. sì, 4. no, 5. sì, 6. no, 7. no, 8. no

7. Navigatori italiani

Voci due: Piero Angela (A.), Giovanni Soldini (S.)

A. ...ha fatto due giri del mondo in solitaria in barca a vela, vincendo una di queste gare, e l'altra arrivando secondo, ma soprattutto ha anche fatto 18 volte la traversata dell'Atlantico in barca a vela! Allora, cosa La colpisce di più di questa impresa di Colombo, dal punto di vista della difficoltà tecnica proprio?

S. Ma devo dire che la navigazione di quei tempi, così priva di informazioni e di conoscenza, mi ha sempre affascinato, nel senso che, penso veramente che navigare senza carte, senza informazioni, senza sapere neanche se in mezzo alla notte compare un'isola sulla prua della barca, così, mi sembra veramente un' impresa molto difficile.

A. Tra l'altro Lei dorme quando naviga in solitaria, però sa che nell'oceano non c'è niente in cui andare a scontrarsi. Invece all'epoca era un po' come navigare al buio, in sostanza. Poi c'era il problema della manovrabilità della barca.

S. Sì, ovviamente queste barche utilizzate all'epoca di Colombo sono barche che hanno grossi problemi, per esempio a risalire il vento e quindi, come dire, non si riesce poi, quando c'è bisogno, non si riesce ad andare dove si vuole; per esempio se c'è terra sotto vento, è molto facile essere spinti dal vento sulla terra. Sono barche, comunque, che si manovrano con estrema difficoltà rispetto alle barche moderne, no? Pensiamo in una tempesta, con una caravella bisogna andare su in cima al pennone a tirar su una vela, cercare di chiudere queste vele quadre; insomma, erano operazioni sicuramente, se non altro, molto ardue e molto pericolose.

A. Senta, Lei sarebbe salito su una di queste caravelle di Colombo, conoscendo tutti questi problemi?

S. Ma io penso oggi sicuramente no, nel senso che cerco di fare le cose che faccio preparandomi molto bene, cercando di essere appunto più pronto possibile. Forse nel 1400, se fossi stato uno degli uomini di Colombo, magari avrei accettato.

A. Perché lo spirito d'avventura che ha oggi, forse l'avrebbe avuto anche in passato. Grazie, Soldini.

CHIAVI

1. 1d, 2b, 3b, 4b

2. 1. *vista della difficoltà tecnica*, 2. *compare un'isola sulla*, 3. *quando naviga in solitaria*, 4. *estrema difficoltà rispetto alle*, 5. *ardue e molto pericolose*, 6. *l'avrebbe avuto anche*

8. Cinema e criminalità

Voci due: conduttore (C.), regista (R.)

C. Scusate, qui abbiamo quattro componenti importanti: abbiamo la stampa, la magistratura, il cinema, al quale forse noi potremmo addossare, cinema e televisione, alla quale noi potremmo addossare molte responsabilità... La politica. Vogliamo fare un breve giro? Abbiamo sentito Giuseppe Zanzotta. Paolo Fondato, regista.

R. Ma, intanto, io, voglio dire, respingo qualunque tipo di addebito di responsabilità... voglio dire...

C. Beh, beh, non mettere le mani avanti, Paolo.

R. Non metto le mani avanti. Dico soltanto che non è né il cinema, né gli sceneggiatori...

C. Paolo, ti posso dire una cosa?

R. Come no?

C. Una volta, una volta, quando si vedevano dei film, si vedeva il malavitoso, il delinquente che sparava due colpi. Da quando il cinema e la televisione hanno proposto immagini dove una persona, un malavitoso scarica l'intero caricatore, guarda caso, guarda caso, oggi quando c'è un conflitto a fuoco, questi prendono e sparano sette, otto, dieci colpi, come fanno al cinema, o come fanno in televisione. Non venirmi a dire che il modello non viene ripreso, perché non ci credo.

R. No, da questo punto di vista dissento, nel senso che in generale è il contrario, cioè voglio dire... è il cinema, la letteratura, quello che vuoi tu, che si ispira alla realtà. Poi è chiaro, voglio dire che, comunque, ci sono dei casi di osmosi fra le due cose. Però attribuire delle responsabilità a chi, comunque, in qualche modo, la realtà la racconta, onestamente mi pare un po'... un po' eccessivo, ecco...

CHIAVI

1. 1c, 2a, 3b, 4a, 5b

9. Il Festival di Sanremo

Voci due: Gianni Morandi (M.), giornalista (G.)

M. Mi ricordo io bambino a Monghidoro, al bar del paese, con tutto il paese che guardava la televisione, e quando arrivò Modugno sconvolse quelli che erano i canoni tradizionali della... così della canzone fino a quel momento. Quello che ha rotto veramente è stato lui, io credo, eh? Mia madre era una grandissima fan di Claudio Villa. Forse Modugno fu anche per lei un pugno nello stomaco, però me lo ricordo. E mi ricordo proprio quando apriva le braccia e faceva "*Volare...*" Commovente, emozionante. Già da come partiva: "*Penso che un sogno così non ritorni mai più, mi dipingevo le mani e la faccia di blu, poi d'improvviso venivo dal vento rapito...*"

G. Ti ha segnato molto.

M. Molto. Mi piace. Mi è piaciuto e l'anno dopo ancora di più, perché si ripresentò e quando faceva "*Ciao, ciao, bambina...*", mi colpì. Grande. Io ho quell'immagine. Poi naturalmente insieme a Modugno ci sono tanti altri che la storia l'hanno fatta loro: Claudio Villa, Nilla Pizzi, persone che poi io ho conosciuto. Tra l'altro, quando io vinsi Sanremo nell'87, insieme a Tozzi e Ruggeri, proprio quel giorno morì Claudio Villa. Una cosa, una coincidenza... fece commuovere un po' tutti. Io in particolare modo, anche perché insomma...

G. Eravate stati in qualche modo... rivali.

M. ...rivali, di tante manifestazioni televisive, ..."Canzonissima". E quindi... E poi, ripensando agli ultimi festival di Sanremo, insomma, io penso quale sarebbe stata la carriera di Ramazzotti, di Bocelli, di Laura Pausini, parlo di loro perché sono stati internazionali, senza Sanremo. Non lo so..., forse sarebbe stata uguale.

CHIAVI

1. 1. no, 2. no, 3. no, 4. sì, 5. sì, 6. no, 7. sì, 8. sì, 9. no, 10. sì

2. 1. *fino a quel momento*, 2. *pugno nello stomaco*, 3. *dal vento rapito*, 4. *l'hanno fatta loro*, 5. *a Tozzi e Ruggeri*, 6. *sarebbe stata la carriera*

10. Il risveglio dell'Italia dopo la guerra

La *Piaggio* ha messo sul mercato la *Vespa*, la *Innocenti* risponde con un altro scooter a due ruote; si chiama *Lambretta* che si contrapporrà alla *Vespa*. Ora gli italiani, oltre a un mezzo di trasporto in più, hanno un altro motivo per dividersi nelle rivalità che amano tanto.

Rinasce anche la cultura, riprende l'editoria, si riaprono i musei, il cinema ha ripreso a produrre. A Milano Paolo Grassi e Giorgio Strehler fondano "Il Piccolo Teatro" che ridarà vita e dignità al teatro italiano. Proprio nel 1947 sbarca in Italia una cantante lirica sconosciuta. È nata a New York, da genitori greci immigrati. Si chiama Maria Kalogheropoulos, ma in America il cognome è stato semplificato: ora si chiama Maria Callas. In Italia Maria Callas troverà ospitalità e lavoro. Troverà anche un marito che la proteggerà e la valorizzerà. Maria Callas ben presto diventerà il più grande soprano del secolo e darà vita con Renata Tebaldi a un altro di quei binomi per i quali si infiammano gli italiani del dopoguerra. Gli italiani si divideranno per loro, come hanno già fatto per Bartali e Coppi, in "calasiani" e "tebaldiani".

Il cinema proprio dalle distruzioni ha trovato nuova forza e nuove fonti di ispirazione. Aveva cominciato Roberto Rossellini, che con "Roma città aperta" aveva raccontato gli orrori dell'occupazione nazista e l'eroismo del popolo romano a caldo, quasi in diretta. Poi aveva continuato Vittorio De Sica a portare il cinema in mezzo alla gente, raccontando il dramma dei bambini abbandonati, gli "Sciuscià", dando vita ad una grande scuola di cinema che sarà apprezzata in tutto il mondo e si chiamerà *neoralismo*. Ma il capolavoro di Vittorio De Sica e del neorealismo sarà "Ladri di biciclette", un dramma umano che si svolge intorno a una bicicletta. "Ladri di biciclette" consacrerà Vittorio De Sica definitivamente come grande regista. Vincerà anche l'Oscar e lancerà il cinema italiano nel mondo.

CHIAVI

1. 1d, 2b, 3b, 4c, 5c

2. 1. *rivalità che amano tanto*, 2. *dignità al teatro italiano*, 3. *"calasiani" e "tebaldiani"*, 4. *dramma dei bambini abbandonati*, 5. *che si svolge intorno*

11. Italia: un paese di fumatori

Fumare fa male, lo sanno anche i bambini; eppure la lotta contro il tabacco e i danni che comporta è una guerra ben lungi dall'essere vinta. Anzi. Nonostante tutte le campagne di dissuasione, nonostante si predichi che la sigaretta fra le labbra è fuori moda, è "out", è nociva, nonostante i divieti sempre più diffusi, ebbene nonostante tutto, l'Italia del terzo millennio resta un paese di fumatori. Secondo l' Istituto Superiore di Sanità, sono tredici milioni gli italiani dediti al tabagismo, un vizio che porta alla morte 90.000 persone ogni anno solo nel nostro paese.

Ma il dato più preoccupante è che sono soprattutto i più giovani gli schiavi della sigaretta. Tra i 14 e i 24 anni fuma una persona su cinque e il 90% degli alunni delle scuole medie ha già provato il gusto del tabacco; a dispetto della più recente campagna dei produttori italiani di sigarette, che sul pacchetto hanno posto la scritta "i minori non devono fumare". Le regioni dove si fuma di più sono quelle del Nord Ovest. La media di sigarette fumate si aggira sulla ventina, ma c'è anche un 8%, che supera i due pacchetti al giorno, e un misero 3% che si limita sotto le cinque sigarette al dì.

Perciò la lotta al fumo si sta attrezzando con nuovi strumenti: entro l'anno in 58 ospedali italiani verranno aperti altrettanti centri antifumo, sarà istituito un numero verde e saranno avviati corsi di formazione per 500 medici di famiglia e 300 farmacisti. Nel tentativo di convincere a spegnere quell'ultimo dannato mozzicone.

CHIAVI

1. 1d, 2c, 3b, 4c

12. Concorso di narrativa

Voci due: giornalista (G.), coordinatrice concorso (C.)

G. Un concorso nazionale di narrativa per sole donne, che negli anni è cresciuto per importanza e per numero delle partecipanti. "Voci di donne", questo è il nome dell'iniziativa, propone di volta in volta un tema attorno a cui ruotano i racconti delle concorrenti. "I colori della vita" tema dell'ultima edizione. Tre le autrici premiate annualmente, ma di tutte le venti finaliste vengono pubblicati i testi. Adriana Masotti ha chiesto a Maria Gemma Lugaro, dell'ufficio cultura della Provincia di Savona e coordinatrice del concorso, com'è nata l' iniziativa.

C. È nata da assessori donne, che erano nell'anno '91, nella giunta provinciale, e quindi hanno pensato di fare qualche cosa insieme anche alla consulta femminile che riguardasse in particolare le donne. Lo scopo era quello di consentire confronto e spazio a donne che spesso sono lasciate ai margini di questi concorsi. Da quanto ci dicono le concorrenti, noi quest'anno ne abbiamo avuto 628, effettivamente sono convinte almeno loro che non hanno spazio nei grandi giornali e nei grandi mezzi di comunicazione.

G. Il concorso "Voci di donne" ormai è alla decima edizione; che bilancio si può fare fin qui?

C. Un bilancio estremamente positivo, vuoi in termini di partecipazione e vuoi in termine di simpatia che comunque il concorso continua ad avere. Abbiamo concorrenti che arrivano da tutto il mondo: due anni fa abbiamo premiato una del Canada, quest'anno abbiamo parecchie concorrenti dall'Uruguay, oltre che naturalmente da tutta Italia.

G. La vincitrice dell'edizione dell'anno scorso è una collaboratrice della Radio Vaticana.

C. Una collaboratrice di Radio Vaticana, Maria Luigia Ronco Valenti, che aveva già vinto un terzo premio...

G. Ecco, ma ci sono anche scrittrici inedite?

C. Soprattutto sono queste.

CHIAVI

1. 1. no, 2. sì, 3. sì, 4. no, 5. no, 6. sì, 7. no, 8. sì, 9. no, 10. sì

2. 1. *i racconti delle concorrenti*, 2. *margini di questi concorsi*, 3. *naturalmente da tutta Italia*, 4. *vinto un terzo premio*

13. Gli italiani la mattina

Voci quattro: giornalista (G.), prima ragazza (R1), ragazzo (R2), seconda ragazza (R3)

G. Il buongiorno si vede dal mattino. O forse, si potrebbe dire, si vede dal monitor di un computer. Sono sempre di più anche in Italia, infatti, coloro che, appena svegli, accendono il pc per leggere e scrivere e-mail, la nuova mania d'inizio secolo a cui va il merito di aver segnato il ritorno del piacere della scrittura. Forse oggi Hegel non definirebbe più la lettura del giornale come la preghiera mattutina dell'uomo moderno. Anche se gli ultimi dati sulla lettura del quotidiano segnano un buon 80% a favore soprattutto degli uomini. Ma i tempi cambiano e cambiano pure le abitudini del risveglio. Lo ha scoperto anche un gruppo di studenti perugini, a cui è stata assegnata una ricerca sulle abitudini del mattino. Le loro, quelle dei loro genitori e dei loro nonni alla loro età. L'indagine conferma i dati nazionali, secondo cui il 13% degli studenti non consuma la prima colazione, contro l'8% dei genitori e solo il 5% dei nonni. Sempre durante la ricerca, i ragazzi hanno scoperto che la loro è una colazione sempre più veloce. I tempi si riducono, infatti, proporzionalmente al passare degli anni; per cui i nonni dedicavano alla colazione dieci minuti, mentre loro, come i genitori, soltanto cinque. In netto aumento naturalmente le merendine confezionate, in genere i prodotti elaborati, mangiati dall'83% dei ragazzi, il 36% dei genitori, il 7% dei nonni, che continuano a preferire gli avanzi della cena della sera prima, stupendo i ragazzi con piatti di pasta e fagioli alle 8 del mattino.

R1 Infatti, anche mio nonno, ancora oggi, mangia la mattina pane con salame... Così..., io... cose che... la mattina, per esempio, mangio una brioche e un succo di frutta, basta.

R2 Mi sveglio tardi, quindi... roba molto rapida, un succo di frutta al volo e dopo niente, m'arrangio così, insomma.

R3 Infatti, durante le lezioni, insomma, mangiamo un pezzo di..., anche se nascondendoci dal professore, un pezzo di merenda.

CHIAVI

1. 1c, 2c, 3a, 4a, 5d

2. 1. *del piacere della scrittura*, 2. *favore soprattutto degli uomini*, 3. *consuma la prima colazione*, 4. *le merendine confezionate*, 5. *con piatti di pasta*

14. Pubblicità

1.

- Marco, ho scoperto un locale davvero originale.
- Ah, il solito pub.
- Musica dal vivo, animazione e giochi, karaoke, bruschetteria, specialità, primi piatti, maxi schermo e tutte le dirette di Roma e Lazio me lo chiami solito pub?
- Certo che no! Ma allora, come si chiama?
- *Il gatto e la volpe*, in via Casilina 1.258, a 300 metri dall'uscita Casilina del grande raccordo anulare, direzione fuori Roma. Prenota al numero 06/20.24.544.

2.

Ti sei mai chiesto quant'è difficile vendere casa? *Quadrifoglio immobiliare*: azienda leader nel settore dell'intermediazione immobiliare con tutti i servizi attinenti all'acquisto o alla vendita di un immobile. I vostri consulenti immobiliari per affittare, vendere o acquistare un immobile. Otto agenzie tra Roma ed Ostia. Tel. 06/27.33.20, oppure 06/27.00.65.
Quadrifoglio immobiliare: una soluzione per tutti; la soluzione fortunata.

3.

Quale antifurto merita la tua auto? Uno dei tanti, o quello che te la fa ritrovare? *Via Sat* è l'antifurto satellitare numero 1 in Europa che localizza immediatamente la tua auto in caso di furto. Infatti, solo grazie a *Via Sat*, avrai uno sconto fino al 67% sull'assicurazione. Da *Audio Élite*, installatore autorizzato *Via Sat*. Viale Palmiro Togliatti 600-616, tel. 06/23.06.199.

4.

- Ehi, ciao, ti ricordi? Sono l'amico del Pino...
- Sì...
- Senti, volevo dirti se venivi con me in altro posto.
- Dove?
- Troppo bello, ci si muove un casino, c'è anche la piscina olimpionica.
- Cosa c'è?!
- Se ti iscrivi entro febbraio, *Scorpion Center* ti regala un altro anno che puoi sfruttare tu stesso o che puoi regalare a qualcuno a cui tieni particolarmente. *Scorpion Center*.
- C'è l'idromassaggio, il bagno turco, la sauna...
- Ohe, bello, non ci starai mica provando?!
- Chi, io?!

CHIAVI

1. 1c, 2d, 3a, 4d

15. Umberto Eco parla dell'editoria

Voci due: Eco (E.), giornalista (G.)

G. Senta... Perché la vendita dei libri continua a diminuire? Leggevo, mi pare, proprio ieri o l'altro ieri, le ultime statistiche parlano di una diminuzione del 20% delle vendite di libri in Italia.

E. Perché il libro è un bene tra virgolette spirituale e, quindi, voluttuario e in periodi di crisi economica la gente smette di leggere libri; sono diventati molto cari i libri. L'Italia è ancora un paese dove i libri costano meno che in altri paesi, però sono cari. Costano meno del cinema, costano meno del ristorante, però non si può fare a meno di mangiare, non si può fare a meno di fare tante altre cose; mentre pare si possa fare a meno di leggere. Quindi, è un momento molto difficile per la vita della libreria, della vita delle case editrici.

G. Comunque, è un fenomeno, Lei dice, di origine puramente o prevalentemente economico, che comunque non ha influito sul suo libro, che mi pare, benché è uscito molto recentemente, a settembre già si prepari la seconda edizione.

E. Sì, ma non lo so, forse cinque o sei anni fa sarebbe andato meglio, ma sa, adesso arriviamo negli Stati Uniti, le stragrandi case editrici pubblicano un libro, fanno il controllo sulle librerie, se le prenotazioni non sono sufficienti, lo mandano al macero e ne fanno carta igienica. Quindi, c'è un massacro, un massacro del libro. Stiamo avviandoci, ci sono stati degli articoli in America, proprio discusso, ma proprio sul tema della carta igienica; gli scrittori stanno producendo carta igienica perché le grandi case editrici manderanno al macero le opere, prima ancora che siano distribuite, se non hanno una vendita sicura. Per cui la salvezza sono le piccole case editrici universitarie che fanno piccole tirature. Quindi, è un problema mondiale.

CHIAVI

1. 1. sì, 2. no, 3. no, 4. sì, 5. sì, 6. no, 7. sì, 8. no, 9. sì, 10. no

2. 1. *meno che in altri*, 2. *la vita della libreria*, 3. *sarebbe andato meglio*, 4. *piccole case editrici universitarie*

16. Raffaella Carrà

Voci tre: Raffaella Carrà, Enzo Biagi, Roberto Benigni

Biagi Ma il successo rende più liberi, o crea delle nuove schiavitù?

Carrà Non è andando col commendatore a cena che tu risolvi il tuo problema della carriera.

Biagi Risolvi quello della cena.

Carrà Probabilmente sì; però si può risolvere anche in altro modo, secondo me: una pizza con gli amici è uguale. Ma soprattutto è... la difficoltà di una donna è quella di farsi capire, di farsi ascoltare. Quando sei giovane e carina, ti guardano e dicono "sì, sì, sì". Ma con gli occhi tu vedi che pensano a qualcos'altro.

Biagi A prolungare la storia.

Carrà Esatto. Allora, se tu riesci ad agguantare l'opportunità e te la giochi al massimo, poi ti guardano con occhi più professionali – magari può nascere un amore lo stesso – ma comunque, più amichevoli, certamente non solamente dal punto di vista fisico o, comunque, con altri pensieri. E questa è la difficoltà che voi uomini non avete ancora.

Biagi Dei comici chi Le piaceva o chi Le piace?

Carrà Beh, uno che piace anche a Lei moltissimo e che mi piacerebbe rincontrare; ma adesso forse è diventato troppo famoso nel mondo e, quindi, non mi viene più a trovare.

Biagi Comincia per B?

Carrà E comincia per R: Roberto Benigni, certo. Lui è stato... guardi, quella volta al "Delle vittorie" mi ha fatto soffrire molto, ma...

Biagi Ricordo che fu una scena quasi orgiastica... teoricamente.

Carrà Però Le dico una cosa; mi avevano detto "stai attenta, perché lui sempre quando arriva...", e lui aveva...

Biagi È un genio, eh?

Carrà ...la mania di spogliarmi ogni volta che arrivava in trasmissione, anche altre volte che è venuto ospite. Stavolta è partito, è andato su per le scale di corsa, verso un gruppo di ragazze che facevano parte dello spettacolo; ho detto "ah, meno male, mi salvo". Scende giù; scendendo giù faceva così, come fa lui: "Raffaella". Scende giù. Io corro indietro per dire come "Roberto no!". Avevo una gonna tutta piena di bottoni, dico "se questo se ne accorge, sono fritta!"...

Benigni “Ah, bella Carrà! La Carrà!”

Carrà “Quando vedi rosso non capisci più niente tu, eh?”

Benigni “Vieni qua!”

Carrà “Certo... No, così no..., no!...”

CHIAVI

1. 1b, 2c, 3a, 4d

2. 1. *crea delle nuove schiavitù*, 2. *gli amici è uguale*, 3. *ad agguantare l’opportunità*, 4. *uomini non avete ancora*, 5. *viene più a trovare*, 6. *facevano parte dello spettacolo*

17. L'Università di Pisa

L'Università degli studi di Pisa e l'azienda regionale per il diritto allo studio universitario forniscono informazioni sui servizi di assistenza agli studenti, sulle attività culturali, sportive e su questioni burocratiche in generale. Per l'inserimento nel mondo del lavoro è offerta allo studente una serie di strumenti di orientamento, come banche dati computerizzate, contenenti informazioni su concorsi pubblici, offerte di lavoro da privati, borse di studio, corsi di perfezionamento e master in Italia e all'estero.

All'interno delle singole strutture didattiche dell'ateneo i docenti svolgono attività di tuttorato. Questa consiste nell'assistenza di guida allo studio dello studente. L'ateneo ha predisposto computer, tramite i quali, con una tessera ed un codice personalizzato, gli studenti possono ricevere informazioni di vario genere, sia di carattere personale - piano di studi, carriera universitaria, certificati, che generali - orario esami, corsi, borse di studio.

La nostra Università sta in Toscana, dove da sempre regione e comune cercano di favorire le condizioni di studio degli studenti, specialmente dei meno abbienti, e per questo organizza numerosi servizi, fornendo assistenza, alloggi, mensa e sussidi di studio per un numero rilevante di studenti attraverso l'azienda regionale per il diritto allo studio.

L'Università degli studi di Pisa mette a disposizione in dieci sedi, tutte centrali, quasi 700 posti alloggio, che vengono attribuiti agli studenti fuori sede in base a particolari requisiti di merito e di reddito. Dallo scorso anno l'Università ha anche attivato due nuovi servizi: un servizio informativo sulla disponibilità di alloggi nel territorio pisano ed un servizio di consulenza sui diritti dello studente inquilino e sulla regolarità dei contratti di locazione.

CHIAVI

1. 1. no, 2. sì, 3. sì, 4. no, 5. sì, 6. no, 7. no, 8. sì, 9. no, 10. sì

18. Biblioteche italiane on line

Voci due: giornalista (G.), professore (P.)

G. In una stanza della facoltà di Lettere e Filosofia dell'Università La Sapienza di Roma tre pazienti studiose di letteratura ed esperte informatiche, digitalizzano gli scritti più importanti della tradizione culturale italiana, archiviandoli sulla Rete. I testi vengono arricchiti da funzioni avanzate per la consultazione e la ricerca full text in linea. Lo stesso lavoro viene svolto contemporaneamente da altre 14 Università in altrettante città del nostro paese. La Biblioteca Italiana Telematica raccoglie opere rare, altrimenti consultabili soltanto in edizioni antiche o in manoscritti, che in molti casi vengono edite per la prima volta in formato digitale. All'indirizzo cibit.unipi.it, come in una vera biblioteca, è possibile eseguire ricerche su catalogo, trovare indicazioni bibliografiche e consultare collezioni speciali. A differenza di una vera biblioteca però, la BIT permette di leggere i testi da qualunque luogo e di scaricarli sul proprio pc. La Biblioteca Italiana Telematica è il risultato di un progetto nato due anni fa e coordinato da Mirko Tavoni dell'Università di Pisa. - Professor Quondam, che cos'è il CIBIT?

P. È un centro che raccoglie più università. Questo ne raccoglie quindici università italiane, che si sono messe insieme per realizzare insieme una biblioteca digitale, in rete, in Internet, quindi Centro Interuniversitario Biblioteca Italiana Telematica.

CHIAVI

1. 1b, 2a, 3d, 4a

19. Vittorio Gassman

È morto quando ha smesso di aver paura di morire e di invecchiare. Preferiva il Purgatorio; diceva che il Paradiso, con quella musica di Bach, era troppo noioso. Gassman aveva combattuto per lungo tempo contro la depressione, il timore del vuoto, dopo il pieno che era stata la sua vita di uomo ed attore. Era spavaldo, ironico, violento e sincero. Aveva parlato della malattia, del male di vivere e del suo avvicinamento alla religione, proprio quando se l'era vista brutta. Come Sordi, non ha mai impersonato l'italiano perfetto, ma quello prepotente e un po' canaglia. ["Grazie, grazie della simpatica accoglienza"] Trovava il cinema, gli attori, ma soprattutto le attrici di oggi anemiche, nevrotiche e prive di vita. Diceva che il bello della professione era spassarsela con l'altro sesso, ma oggi quasi nessuno lo faceva più. I suoi film sono pieni di questa vita mandata giù a grandi sorsate, da uno fisicamente che poteva permetterselo, con quel corpo da atleta, di quelli che non s'accorgono neppure quando atterrano l'avversario ["L'ho fregato..."] Era capace di interpretazioni sofisticate e popolari, personaggi alti e bassi: dal pugile de "I soliti ignoti", dal tifoso de "I mostri", al professore patriarca de "La famiglia", all'intellettuale de "La terrazza". È stato un maestro nella scuola per i suoi allievi e anche in casa, con i suoi figli attori, Paola e Alessandro. L'anno scorso il ritorno sul palcoscenico per il grande addio. La malattia era stata sconfitta, la voce era tornata insieme alla voglia di vivere. ["La vecchiaia ha il suo onore..."] Oggi, con Gassman, non se ne va l'ultimo della fila, ma uno che ha voluto sempre stare davanti, senza farsi umiltà. È l'addio di un uomo moderno, ma anche classico che alla fine, sconfitti i demoni, esce di scena di notte, in silenzio, dopo tanti sorpassi.

[voce di Vittorio Gassman]

CHIAVI

1. 1. sì, 2. no, 3. sì, 4. sì, 5. no, 6. sì, 7. no, 8. no, 9. sì, 10. no

2. 1. *pieno che era stata*, 2. *impersonato l'italiano perfetto*, 3. *giù a grandi sorsate*, 4. *interpretazioni sofisticate e popolari*

20. In palestra

Voci quattro: giornalista (G.), prima cliente (C1), seconda cliente (C2), istruttore (I.)

.

G. Fitness, ovvero tutto quello che volete. Volete saltare, danzare, imparare ad usare gli attrezzi più strani? Qualunque sia la vostra personalità, qui troverete quello che fa per voi. Anzi, potreste scoprire persino che siete molto più dinamici di quel che pensate. Tutto sta nel cominciare ed ora che l'estate si avvicina, quasi quasi diventa necessario. Persino le persone più in forma, chi è già dotato di un fisico invidiabile, sa che la natura non dura in eterno, ma che bisogna aiutarla.

C1 Inizialmente mi sforzavo. La cosa bella della palestra è che bisogna superare il momento critico. Appena inizi, non ti va mai di farlo. Poi, una volta che hai iniziato è bellissimo, perché cominci a vedere i risultati, ricominci a sentire bene e, quindi, venire poi è un piacere.

G. Certo, può essere uno shock trovarsi di punto in bianco in mezzo a tanta gente e sentirsi l'ultimo della classe, magari con qualche chilo in più. Ma superata la vergogna, la lezione di gruppo diventa davvero piacevole.

C2 Ogni volta che entri in una palestra nuova, in un ambiente nuovo, vedi gente nuova, non conosci nessuno. Poi è bello, perché diventa una sorta di famiglia; qui siamo quasi tutti amici, amiche, spesso si organizza pure ad andare poi la sera a mangiare la pizza.

G. È vero, un'altra difficoltà appena si entra in un centro di fitness è perdersi fra le mille lezioni dai nomi più strani. Allora conviene che il nuovo arrivato chieda aiuto al personale della palestra.

I. Non si deve smarrire, perché ci saremo qui noi ad attenderlo, a valutare le sue necessità e a organizzare una passeggiata romantica attraverso le specialità del fitness; per cui se necessiterà un po' di forza, un po' di sala pesi, se necessiterà un potenziamento cardiovascolare per non avere il solito fiatone, faremo un po' di spinning o un po' di aerobica.

G. Avete bisogno semplicemente di rimettervi in movimento? Chiaramente una lezione di ginnastica a corpo libero può essere un buon modo per sbloccarvi. Poi scegliete secondo il vostro carattere e le possibilità che il vostro fisico vi concede.

CHIAVI

1. 1d, 2b, 3a, 4c

21. Prosciutto, ma non di Parma

Voci due: giornalista (G.), produttore (P.)

G. ...siamo sempre qua in Valle d'Aosta per parlare del prosciutto, il celebre prosciutto di Boss. Siamo in compagnia di Aurelio Margaretta – buongiorno! – che è il presidente della cooperativa di produttori, no?, che si occupano appunto di questo bel tipo di, soprattutto buon tipo di prosciutto. Qui siamo in questa stanza dove il prosciutto è pronto, no?, ...per essere consumato. Ecco, che tipo di differenza proprio al gusto c'è tra questo prosciutto e gli altri ottimi, peraltro ottimi prosciutti nazionali?

P. Beh, il nostro prosciutto è un prosciutto che ha un gusto un po' più saporito, più marcato; forse ricorda di più i prosciutti spagnoli rispetto al nostro ottimo Parma, che si contraddistingue per un sapore dolce; il nostro è un gusto più marcato, anche perché ha una stagionatura diciamo maggiore, andiamo a 13-14 mesi e, quindi, la carne è sicuramente un pochetino più..., e ha un suo segmento molto interessante.

G. Certo. Dunque, voi siete una cooperativa di produttori, no?

P. Siamo una piccola cooperativa, che in buona sostanza, con l'ausilio del Comune, si propone di continuare questa tradizione e di salvaguardare diciamo questa piccola produzione che è una produzione soprattutto...

G. È ridotta, diciamo?

P. È rivolta all'alto consumo quasi, nel senso che...

G. All'anno che produzione avete?

P. Mah, siamo sotto il migliaio, insomma, siamo sotto il migliaio. Per cui quando abbiamo utilizzato all'interno delle famiglie la produzione e abbiamo fatto la sagra che svolgiamo nella seconda domenica di luglio, abbiamo una produzione...

G. All'orizzonte però c'è un allargamento di tutta questa attività.

P. Certamente: abbiamo avuto un riconoscimento molto importante, abbiamo avuto il riconoscimento D.O.P., il marchio di origine europea, che ci apre anche delle prospettive commerciali...

CHIAVI

1. 1d, 2b, 3c, 4d

2. 1. *ottimi prosciutti nazionali*, 2. *una stagionatura diciamo maggiore*, 3. *di continuare questa tradizione*, 4. *di tutta questa attività*, 5. *delle prospettive commerciali*

22. Accademia militare

Voci sette: prima giornalista (G1), secondo giornalista (G2), prima candidata (C1), seconda candidata (C2) ecc., militare (M.)

G1 La storia dell'Accademia militare passa da qui: Guidonia, primo concorso aperto anche alle donne, 13.000 le domande e 6.000 sono donne, 136 i posti disponibili, 28 riservati alle ragazze. Sentiamo:

C1 - Qualcuna di noi c'ha una grande passione magari che si porta da quando è piccola. È la prima volta che ci viene data la possibilità di realizzare un sogno che tanti hanno fin da piccoli.

C2 - Mio papà è in Aeronautica, quindi, passione per il volo, per l'arma in sé...

G2 Sono le future top gun italiane. L'Aeronautica militare è la prima forza armata che apre le porte alle donne. Circa 30 di loro dalla prossima estate indosseranno le divise di cadette. Cinque giorni di concorso in un hangar dell'aeroporto militare di Guidonia. Oltre 6.000 ragazze si contendono, con 7.000 colleghi uomini, 136 posti di allievi ufficiali all'Accademia di Pozzuoli.

C3 - Io ho la passione di pilota; ho la passione del volo proprio.

M. Possono anche loro, tanto sono come noi; sono meglio anche. La vita in caserma... si sta meglio.

G2 Alle donne l'Aeronautica ha riservato una quota del 20%: troppo poco, dicono le dirette interessate, per parlare di vera parità.

C4 - Però dovevano essere 50-50 i posti. Non una percentuale minima per noi e la maggioranza per loro.

G2 È una selezione molto dura che terminerà con un corso di sopravvivenza sul campo. Oggi i primi parziali responsi sulla prova test. Tra tutti, uomini e donne, solo i 1.600 accederanno alle fasi successive.

CHIAVI

1. 1b, 2d, 3c, 4a

23. Agenzia matrimoniale

48enne vedova senza figli avuti di Messina, insegnante con solida posizione economica, alta 1,68, magra, gelosa ed affettuosa, cerca per creare famiglia, max 55enne con impiego, di ottima cultura, solo divorziando, senza figli avuti o vedovo con figli sposati. Codice: 2.255.

38enne nubile di Marsala, diplomata con impiego di rilievo, poliglotta, occhi celesti, alta 1,55, sposerebbe max 50enne anche con prole, ovunque. Codice 2.256.

53enne nubile di Messina, laureata, insegnante, con casa propria, magra, alta 1,62, cerca per futura unione max 62enne, solo celibe o vedovo, impiegato con cultura adeguata. Codice 2.248.

60enne divorziata di Giarre, diplomata, benestante, molto bella, giovanile, bionda con occhi celesti, alta 1,67, conoscerebbe per convivenza max 70enne, fine, educato e allegro. Codice: 2.243.

68enne vedova senza vincoli, di Reggio Calabria, casa propria, minima istruzione, gradevole presenza, conoscerebbe max 75enne, ovunque, di ottimo carattere. Codice: O.T.C.

44enne divorziata, con figlio maggiorenne a carico, di Ace Castello, insegnante, bionda, alta 1,56 cerca dolce metà, max 55enne, ovunque, anche separato. Codice: O.B.B.I .

CHIAVI

1. 1. *con solida posizione economica*, 2. *vedovo con figli sposati*, 3. *con impiego di rilievo*, 4. *con casa propria*, 5. *impiegato con cultura adeguata*, 6. *diplomata, benestante, molto bella*, 7. *fine, educato e allegro*, 8. *minima istruzione, gradevole presenza*, 9. *figlio maggiorenne a carico*, 10. *ovunque, anche separato*

24. Scioperi

Voci quattro: giornalista (G.), primo passeggero (P1), secondo passeggero (P2), terzo passeggero (P3)

G. Il calvario negli aeroporti italiani è continuato fino a notte fonda. A Malpensa la tensione è finita solo all'1.10, quando è decollato con ben cinque ore di ritardo il volo per Lamezza Terme. 33 dei 130 passeggeri, quando alle 20.00 si son visti rinviare l'imbarco perché mancava l'equipaggio, hanno minacciato di bloccare la pista. Sono intervenute le forze di polizia per tenerli calmi, per evitare che la protesta degenerasse. Loro alla fine sono riusciti a partire; hanno invece passato la notte in albergo i passeggeri di un volo per Trieste, annullato all'ultimo momento. La quiete nel grande scalo milanese è calata solo alle 3.45, quando è atterrato l'ultimo volo da Palermo, con quasi due ore di ritardo. È finita così una giornataccia, un venerdì di passione in quasi tutti gli aeroporti, paralizzati da uno sciopero a scacchiera dalle 10.00 alle 18.00 dei controllori di volo del SULTA. Bastava scrutare le facce dei passeggeri per capire cosa stava succedendo, prima ancora di sentirli sbottare:

P1 - È una grande vergogna; hanno investito in questo bellissimo aeroporto miliardi e non sanno... e non insegnano alle persone a lavorare, a essere seri nella sua professione. Mi dispiace, ma l'Italia sta andando a rotoli.

P2 - È una vergogna, speriamo che cambi qualcosa, perché veramente è un grande schifo.

P3 - Sì, son rassegnato, perché sinceramente è una vita che vorrei andar via... da questo Paese.

G. A Malpensa c'è stato anche chi ha tentato di aggredire le hostess, quando hanno annunciato la cancellazione di un volo per Tel Aviv. Sono volate parolacce e qualche spintone ed è dovuta intervenire la polizia. Alla fine si conteranno 250 voli annullati a Malpensa, 67 a Linate, 61 a Fiumicino e una media di due ore di ritardo per tutti i voli effettuati. Un inferno. Che ha fatto arrabbiare anche il Ministro dei trasporti, Bersani, che ha parlato di comportamenti irresponsabili delle organizzazioni sindacali ed ha sollecitato l'approvazione della nuova legge sugli scioperi.

CHIAVI

1. 1. sì, 2. sì, 3. no, 4. sì, 5. sì, 6. sì, 7. no, 8. no, 9, sì, 10. no

2. 1. *a notte fonda*, 2. *mancava l'equipaggio*, 3. *due ore di ritardo*, 4. *è un grande schifo*, 5. *di aggredire le hostess*, 6. *delle organizzazioni sindacali*

25. La stampa rosa in Italia

Voci cinque

- Tra alti e bassi, scoop e flop, la stampa rosa, comunque, non conosce crisi. Ecco la classifica dei dieci settimanali rosa più letti in Italia. Un genere che conta più di otto milioni di lettori e rese quasi nulla.
- In Italia vendono dagli otto ai dieci milioni di copie di rotocalchi rosa; vuol dire che è un prodotto che va fatto, non si può dire non lo facciamo perché la cronaca rosa è una cronaca di serie B o una cronaca diciamo poco etica.
- Se l'informazione rosa significa forzatura, enfatizzazione di aspetti non fondamentali, addirittura certe volte invenzione, allora questo non è un buon lavoro giornalistico. Ma non credo che se uno fa cronaca rosa o cronaca nera o un'altra cosa, siano diverse per l'oggetto. Possono essere di serie A o di serie B tutte; anche la cronaca politica può essere di serie A o di serie B.
- Il rosa, a mio giudizio, ha anche un'importanza come fatto di costume che ha un peso reale in una società e che serve anche a far capire quali sono i gusti, le mode, le tendenze di quel momento e di quel periodo e questo, più che predeterminarlo in qualche modo, secondo me, o assecondarlo, è meglio cercare di capirlo e raccontarlo.
- Una volta nel villaggio, quello che è il piccolo villaggio, ci si occupava dei fidanzamenti, dei matrimoni, delle morti, dei tradimenti, delle corna. Nel villaggio globale ci si continua a occupare delle morti, dei fidanzamenti, dei matrimoni, delle corna, delle piccole disgrazie o delle piccole fortune, delle grandi disgrazie o delle grandi fortune della gente; è connaturato nell'animo dell'uomo di occuparsi di rosa.

CHIAVI

1. 1c, 2c, 3b, 4a

26. Impatto ambientale

Voci tre: giornalista (G.), primo cittadino (C1), secondo cittadino (C2)

C1 In questo campo di mais sorgerà un grande stabilimento industriale per la fusione e la lavorazione dell'alluminio. Quali effetti avrà sull'ambiente naturale e sugli esseri umani che ci abitano?

G. Come si stabilisce se un'opera è ambientalmente compatibile? Lo strumento a disposizione è quello della valutazione di impatto ambientale. La valutazione di impatto ambientale nasce in America trent'anni fa. Gli Stati Uniti ideano per primi un meccanismo di valutazione, presto seguito in tutti gli altri Paesi industrializzati. La prevenzione dall'inquinamento e la tutela ambientale vengono considerate alla pari con le priorità tecniche ed economiche.

C2 Come può una montagna cadere in un lago e provocare un mare che percorre una valle, distrugge un mondo? Cinque paesi, duemila morti. Questo è il prezzo del Vajont*. Dice niente Vajont?

G. L'Italia arriva tra gli ultimi, nonostante i tragici ammonimenti del disastro del Vajont e degli incidenti alla ICMESA* di Seveso.

(- Attenzione! Tutti gli abitanti della zona interessati allo sgombero delle abitazioni...)

Ma come si determina la valutazione di impatto ambientale? Alla procedura partecipano tre soggetti: chi propone l'opera, le autorità e i cittadini. Chi propone l'opera deve presentare uno studio in cui vengono descritti gli effetti sull'ambiente, considerandone tutte le componenti: atmosfera, acque, suolo e sottosuolo, vegetazione, fauna, ecosistemi, salute pubblica, rumori, radiazioni, paesaggio. La valutazione di questo studio spetta allo Stato per le opere più importanti come aeroporti, dighe, centrali termoelettriche, autostrade, impianti petroliferi ecc.. Negli altri casi, e sono l'85% del totale, la competenza è delle regioni.

(- Può anche essere che il gioco sia...)

Anche i cittadini possono dire la loro, dopo che gli elaborati vengono resi pubblici. Entro un mese possono presentare obbiezioni e opposizioni. La decisione finale deve essere presa entro tre mesi dalla commissione per la valutazione di impatto ambientale. Lo scorso anno l'80% dei progetti ha avuto parere positivo, il 10% totalmente negativo, mentre per un 10% il giudizio è rimasto sospeso in attesa di approfondimenti.

*ICMESA: industria chimica a Seveso, il cui reattore nucleare esplose nel 1978, provocando un grande disastro ecologico.

*Vajont: una delle pagine nere della storia italiana moderna, una catastrofe naturale con più di 1.800 morti, avvenuta nel 1963.

CHIAVI

1. 1a, 2d, 3c, 4c, 5b

2. 1. *umani che ci abitano*, 2. *vengono considerate alla pari*, 3. *gli effetti sull'ambiente*, 4. *competenza è delle regioni*, 5. *obbiezioni e opposizioni*

27. Telefonini

Il telefonino, oggetto divenuto ormai indispensabile, è al centro di una colossale truffa scoperta dalla polizia tributaria della Guardia di Finanza di Milano. Un giro d'affari clamoroso basato sul commercio dei cellulari. Venivano venduti a prezzi stracciati, ma il trucco era che non veniva pagata l'IVA. Venivano, infatti, create delle società di comodo, per lo più all'estero, che dopo 3 - 4 mesi scomparivano nel nulla, senza pagare l'imposta. I telefonini così in poche ore facevano anche il giro d'Europa per tornare magari al primo venditore. Parallelamente venivano presentate fatture false per avere il rimborso dell'IVA. La Guardia di Finanza, dopo cinque mesi di indagini e appostamenti, è riuscita a sequestrare 13.000 cellulari, 2.500 schede prepagate, titoli e contanti, e ad impedire l'erogazione dei rimborsi IVA non dovuti. Coinvolte 25 società fra Italia, Francia, Lussemburgo e Gran Bretagna. Il fulcro della frode era l'hinterland milanese. Durante una perquisizione in uno dei magazzini dove venivano custoditi i vantaggiosissimi telefonini, si è scoperto che in un camion proveniente dalla Francia, invece di cellulari, c'erano laterizi, e in altre scatole addirittura sabbia mista a ghiaia.

CHIAVI

1. 1. no, 2. no, 3. sì, 4. sì, 5. sì, 6. no, 7. no, 8. sì, 9. sì, 10. no

2. 1. *sul commercio dei cellulari*, 2. *che non veniva pagata*, 3. *senza pagare l'imposta*, 4. *il rimborso dell'IVA*

28. Rapina a mano armata

Quella mattina, il 29 ottobre, io ero qui a lavorare su questo banco, che riparavo degli orologi, e si è presentata questa persona; la porta era aperta, è entrato chiedendomi un bracciale che c'era in vetrina, che è poi questo. Io gliel'ho fatto vedere, però aveva un atteggiamento strano, aveva le mani in tasca, non era una persona tranquilla. Allora ho avuto... pensato che ci fosse qualche cosa di anomalo. Allora prendo il cordless, il telefono, e scendo lì; "scusa, devo fare una telefonata", e sono andato qua nel retro. Sono venuto nel retro, volevo chiamare il 113, a quel punto però me lo sono trovato lì. M'ha dato un colpo, mi ha strappato questo, mi ha picchiato in viso molto forte, sbattendomi da questa parte. Mi ha preso dal bavero della giacca, mi ha sbattuto qua, chiedendomi immediatamente le chiavi per aprire la cassaforte, chiedendomi i soldi che avevo in tasca; a quel punto mi ha chiesto anche le chiavi del negozio. Ho avuto un momento di paura, perché non capivo questa richiesta. Lui... gli ho detto che era lì, lui è uscito mettendosi la mano dietro il giaccone, uscendo, chiedendomi di dargli le chiavi. Io sono venuto dietro di lui; uscendo ho notato immediatamente che la cassaforte era stata svuotata, così come alcuni cassetti. A quel momento mi sono anche reso conto ...un dettaglio, che tutti e due avevano il viso scoperto, parlavano tranquillamente il loro dialetto, la... qualcosa mi ha procurato un'ulteriore preoccupazione. Gli ho indicato le chiavi che erano qui, che lui ha preso e ha messo in tasca. A quel punto ho pensato che vadano via allora ho detto "Guardate che ci sono due telecamere che vi guardano in diretta, fra un minuto o due sarà qui la polizia". ...Ho sentito che uno diceva "no, abbiamo ancora uno minuto e mezzo – due", l'altro diceva "andiamo", insomma alla fine la cosa non aveva dato il risultato che io mi aspettavo. Ho indicato quella telecamera, il primo rapinatore si è voltato, io ho approfittato di quel momento per pigiare il bottone del 113, aprire il tiretto ed estrarre la mia rivoltella, puntandogliela addosso, urlando allo stesso tempo "andate via, andate via, che vi ho aperto la porta". Lui si è voltato, contrariamente a quello che io mi aspettavo, mi si è buttato addosso, dicendo "cosa vuoi fare con quel giocatolino?". Io sono retrocesso fino a entrar qua nel retro, ho pensato "sparo qualche colpo per fagli vedere che non è un gioco". Ho sparato tre colpi; a quel punto lui si è chinato muovendo il braccio, allora ho detto "devo spararagli addosso" e ho sparato il quarto colpo (che era il pallino)... con il quale ho ferito tutti e due. Il quinto colpo si è ficcato qua dentro. A quel punto lui si è girato, ha scavalcato il suo compare che si era casciato e, a costole sulla porta, è uscito. Lui si... anche lui è corso dietro. A quel punto, però, quando è arrivato alla porta, si è casciato e si è disteso lì. Io ho lasciato qui la mia rivoltella e sono corso subito fuori, praticamente a ruota del primo, urlando "chiamate un'ambulanza, un'ambulanza!". Io sono tornato dietro immediatamente, gli ho preso una mano, l'ho stretta forte, poi gli ho accarezzato la fronte, gli ho detto "tieni duro, che ho già chiamato l'ambulanza."

CHIAVI

1. 1b, 2c, 3b, 4d, 5b, 6c

29. Lucio Battisti: “Emozioni”

Emozioni è una canzone che nasce un po’ a memoria, cioè... siamo nel 1970. Mogol in qualche modo convince Lucio Battisti che la natura, il mondo... tutte cose molto belle, però, insomma che la natura è quella a cui l’uomo si deve avvicinare; e decidono di attraversare l’Italia a cavallo. Quindi, ricordate la famosa fotografia, avrete visto recentemente anche i filmati che Mario Pessuto aveva portato di loro che partivano per andare a cavallo, e fanno questa traversata. Allora la canzone “Emozioni” nasce per metà durante questo viaggio. E poi, al ritorno, Mogol la finisce su un divano, a memoria, cercando di ricordare le impressioni che ha avuto. Ed è una cosa che deve andare, dice, secondo quello che è il concreto della vita, una cosa che nemmeno puoi spiegare. Tant’è vero che si dice “capire tu non puoi”, a un certo punto della canzone. Solo perché è quello che tu senti, ma le parole non riescono a dire. Ora Lucio Battisti era abituato a lavorare, loro lo sanno tutti perché hanno lavorato con lui, proprio andare in sala, cercare i suoni, fare delle cose, provare, riprovare, non fare questo, non fare quell’altro, troveremo delle cose divertenti andando avanti. In questo caso non è possibile: Giampiero Reverbieri è in trasloco, non ha un posto assolutamente dove poter restare, per cui si mette a fare l’arrangiamento su una cassa, su una cosa... tutto a memoria, pensando “allora, i violini faranno questo, quest’altro strumento farà quell’altro”... e fa tutto un arrangiamento di fantasia, di testa. Per cui quando arrivano in sala, l’arrangiamento è già scritto, è già fatto, non si può più né modificarlo, né cambiarlo...; bisogna prendere più o meno quello che ormai è stato deciso. E la canzone viene fatta in diretta, sessanta elementi d’orchestra e la voce: è un’emozione per chi canta straordinaria. Ma pensate, immaginatevi l’organico tutto vicino a voi d’orchestra, voi che cantate, e questo è il disco. Buona la prima, cioè la versione che c’è di “Emozioni” che è uscita è la prima, è quella che hanno fatto direttamente...

Capire tu non puoi; tu chiamale se vuoi “Emozioni”... (voce di Lucio Battisti)

CHIAVI

1. 1. sì, 2. no, 3. sì, 4. sì, 5. no, 6. no, 7. sì, 8. no, 9. sì, 10. no

30. Eduardo de Filippo: "Non ti pago!"

Voci tre: Don Ferdinando (F.), avvocato (A.), prete (P.)

F. Dunque, avvocato, si tratta di una truffa; eh, una bella truffa che mi vogliono commettere. Io ho vinto una quaterna di quattro milioni, con quattro numeri che mio padre ha dato ad un certo Mario Bertolini. Il biglietto vincente ce l'ho io.

P. Ma il padre del signore, avvocato...

F. No, scusate Don Raffaele, lasciatemi finire, se no io m'imbroglio e l'avvocato non capisce; parliamo uno alla volta. Adesso questo Mario Bertolini dice che il biglietto è suo, che la vincita spetta a lui e a me mi vorrebbe dare 100.000 lire.

A. No! E Voi non mollate! Questo Mario Bertolini deve essere uno pazzo sicuramente. Scusate, il biglietto vincente non lo avete Voi? Ritiratevi il premio e chi s'è visto s'è visto.

F. Eh..., no, ma questo Mario Bertolini, io perciò Vi ho chiamato, per essere tutelato, c'ha i testimoni. Si è fatto i testimoni falsi. Sta d'accordo con mia moglie e mia figlia, Voi capite, il tradimento in casa, il sangue mio, è una tragedia! Dicono che il biglietto lo ha giocato lui con i soldi sui.

A. Invece, l'avete giocato Voi.

F. ...No, l'ha giocato lui!

A. E allora, che...

F. E come allora, ma i numeri glieli ha dati mio padre, in presenza di Don Ciccio il tabaccaio.

A. Insomma, l'ha giocato lui con i soldi Vostri.

F. No, con i soldi sui.

A. Beh..., non saprei darVi un parere preciso, perché io dovrei studiare la cosa nei suoi minimi particolari.

F. Certo.

A. Quindi, il biglietto non è stato neppure giocato in società, perché pare che non c'era nessuna intesa tra Voi e questo Mario Bertolini.

F. No, no.

A. Ma il fatto di riconoscerVi un premio di 100.000 lire, questo è qualche cosa. Se Vostro padre, come dite Voi, i numeri glieli ha dati presente un testimone, io penso che qualche diritto lo possiamo accampare. Sentitemi, Voi ritirateVi il premio, i quattro milioni Ve li portate a casa. Caso mai se questo Mario Bertolini dovesse agire legalmente, noi chiameremo in causa questo Don Ciccio il tabaccaio.

F. Eh, no, quello non viene...

A. No, quello non si può rifiutare, eh?

F. Non è che si rifiuta, non si può nemmeno rifiutare, non può venire.

A. Non può venire, allora lo mandiamo a pigliare dai carabinieri.

F. Se non mi fate parlare; e i carabinieri come fanno?

A. A manette...

F. No, ...è morto.

A. È morto?!

F. Sì, è morto, è morto.

A. Peccato, perché questo era il testimone che ci voleva. E allora Vostro padre.

F. Mio padre è pure morto.

A. È morto?!

F. Sì, sono morti tutti e due...

A. E da quanto tempo è morto papà?

F. Mio padre... eh, sì, adesso sono due anni, fanno due anni... Come passa il tempo! Dunque, sono due anni. E Don Ciccio il tabaccaio da diciotto, proprio...

A. Ma il biglietto in questione quando è stato vinto?

F. Mo', adesso, sabato scorso!

A. E allora, è mai possibile che Vostro padre ha dato i famosi numeri a Bertolini?!

F. Avvocato, scusate, ma Voi siete napoletano?

A. E come, non sono napoletano?!

F. È importante questo. Allora lo dovreste sapere, come napoletano: i numeri chi li danno? I morti, solo i morti possono dare i numeri. E quando li danno? In sogno.

CHIAVI

1. 1d, 2a, 3d, 4b, 5c, 6a

2. 1. *il biglietto è suo*, 2. *è una tragedia*, 3. *questo è qualche cosa*, 4. *noi chiameremo in causa*, 5, *quando è stato vinto*, 6. *possono dare i numeri*

Finito di stampare nel mese di ottobre 2000